大逆事件と
連合赤軍

極北の革命兵士

Matsui Hiroaki
松井 浩章

自ら謀叛人となるを恐れてはならぬ。新しいものは常に謀叛である。

徳冨蘆花（明治四十四年二月。講演「謀叛論」より）

装丁　臺信美佐子
表紙カバー　高瀬しぼり木綿
下川冨士子氏提供

極北の革命兵士

◉目次

凡例

一、登場人物の敬称は省略させていただいた。

一、実名表記をした事件関係者には存命の方もおられ、人権上における配慮が必要である。しかし、証言や当時の記録などを、整理し検証することが重要であると考えて判断した。

一、資料を引用する場合は、読みやすさを考慮して、原則として漢字を新字体に改め、旧仮名遣いを現代仮名遣いに改めた。明らかな誤字、誤植は訂正した。読み方の難しい漢字には適宜、ルビを振った。

一、引用文、資料等に、今日からみれば不適切な表現がみられるが、発表当時の社会背景を鑑み、そのままとした。

一、本書で引用した文献の著者、発行年等は巻末の「参考資料」にまとめて掲載した。

序章

封印された二事件

安倍晋三元首相の国葬

二〇二二（令和四）年、九月二十七日。

参院選の街頭演説中に銃撃され、六十七歳で死去した安倍晋三《あべしんぞう》元首相の国葬が日本武道館で営まれた。このとき菅義偉《すがよしひで》前首相が詠んだ弔辞に感動的だったと称賛する声が上がった。弔辞の結びで菅前首相は、明治時代に四度にわたって内閣総理大臣を務め、初代韓国統監となったが、韓国の独立運動家に暗殺された伊藤博文《いとうひろぶみ》を悼んで、山県有朋《やまがたありとも》が詠んだ歌を二度繰り返した。

「かたりあひて尽しし人は先だちぬ　今より後の世をいかにせむ」

その歌は、衆議院第一会館の安倍元首相の一室にあった机に読みかけのまま置かれていた岡義武著『山県有朋　明治日本の象徴』から引用したものという。めくられたページの端が折られ、そこにはマーカーペンで線が引かれていた。

韓国統監だった伊藤博文が、清国のハルビン駅（ロシア帝国が利権を持ち管理していた東清鉄道）で韓国人の安重根《あんじゅうこん》により暗殺されたのは、一九〇九（明治四十二）年十月二十六日だった。伊藤博文の死が日本国内に報じられると、翌日には国葬を行うことが決まった。

一九〇九（明治四十二）年十一月四日、伊藤の国葬が日比谷公園で営まれた。異郷の地で凶弾に倒れたという劇的な最期が国民の哀悼の念を一層強め、伊藤の邸宅があった霊南坂から日比谷公園にかけての沿道に三十万人が集まったという。

韓国では、伊藤は「韓国併合を率先する張本人」と思われていたため、独立運動家の凶弾に倒れた。しかし、伊藤は韓国併合には消極的だったとされる。韓国併合に慎重だった伊藤博文が暗殺されると、山県ら積極派は併合への動きを加速させた。

一九一〇（明治四十三）年五月三十日、寺内正毅が新韓国統監に就任し、併合の準備を着々と進めた。韓国の政治結社一進会と日本の右翼団体黒龍会が呼応し日韓合邦運動を起こし対等合併を請願するが、当時の情勢や国力を考えて、対等合併はありえないと日本が拒否したとされる。その後、寺内と韓国の李完用《りかんよう》首相によって「韓国併合ニ関スル条約」が締結された。

韓国の国号は廃され、地域的な呼称として朝鮮が使われることになり、韓国なる国家は消滅した。一九一〇（明治四十三）年八月二十九日に日本は韓国を併合した。

そのころ日本では非戦を唱え、韓国併合に反対していた幸徳秋水《こうとくしゅうすい》、松尾卯一太《まつおういった》、森近運平《もりちかうんぺい》ら社会主義者が大逆罪に問われて次々と検挙されていた。大逆事件は時の政府に抗う社会主義者を根こそぎにするための、山県の傀儡《かいらい》政権だった桂太郎内閣の政治的謀略だとされる。

大逆事件後、言論の自由ばかりか、思想の自由さえ封鎖させられた。それから軍部は暴走し、日本は戦争への道を突き進んでいく。

大逆事件は、大日本帝国が破滅へと向かう序章だった。

仕組まれた大逆事件

大逆事件は、一九一〇（明治四十三）年十一月三日、天長節の日に明治天皇を乗せた馬車を襲撃し爆裂弾をもって傷つける計画をした容疑で、幸徳秋水ら二十六人の社会主義者や無政府主義者が大逆罪（刑法第七十三条）の名のもとに裁かれた事件だ。

一九〇八（明治四十一）年実施の大逆罪を規定した刑法第七十三条は、「天皇、太皇后、皇后妃、皇后、皇太子又ハ皇太孫ニ対シ危害ヲ加ヘ又ハ加ヘントシタモノハ死刑ニ処ス」というものだった。

皇室危害を計画しただけで死刑、しかも裁判は大審院のみと定められていた。大逆罪は、死刑か無罪のどちらかしかなく、その中間はない。しかも一審で終審なので、判決に不満があっても上告する道は閉ざされていた。人権を無視した恐ろしい法律である。

一九一一（明治四十四）年一月十八日、大審院特別刑事部において幸徳秋水ら二十四人に死刑が宣告された。残りの二人は爆発物取締罰則違反でそれぞれ十一年と八年の懲役に処せられた。死刑判決を受けた中には、松尾卯一太、新美《にいみ》卯一郎《ういちろう》、佐々木道元、飛松與次郎《とびまつよじろう》の熊本派と呼ばれる四人がいた。翌日、半数の十二人が天皇のご慈悲という美名のもと、特赦により無期懲役に減刑された。佐々木と飛松は特赦組だったが、松尾と新美のふたりは、判決から一週間もたない一月二十四日に絞首刑が執行された。

事件を裁いた大審院法廷は非公開、証人調べもない、自白だけが頼りだった。事件に関する報道や論評は厳しく禁じられ、その真実の姿は闇に包まれていた。

大逆事件は、三つのバラバラの出来事を、捜査当局の都合のいいように結び付け、ストーリーを描き、それに合わせてフレームアップ（でっち上げ）したとされる。

第一が「明科《あかしな》事件」である。長野県明科製材所の職工宮下太吉が爆裂弾を密造していたという嫌疑によって逮捕された。その後の取り調べで、宮下が管野スガ（別名須賀子）、新村忠雄、古河力作を誘って天皇の行列を襲う計画を立てたとされた。

二番目は、「十一月謀議」といわれる天皇襲撃密議である。一九〇八（明治四十一）年十一月、紀州新宮の大石誠之助が旅行途中に、東京巣鴨の平民社を訪れ、幸徳秋水から革命放談のような話を聞いた。そのとき大阪民友社の森近運平も同席し三人で、天皇襲撃の計画を話し合ったとされた。数日後、熊本から上京した熊本評論社の松尾卯一太が幸徳秋水から同様な話を聞き、天皇襲撃計画に同意したとされた。さらに熊本に帰った松尾卯一太は、そのときの話を同志の新美卯一郎、佐々木道元、飛松與次郎の三人に話し、彼らも天皇襲撃計画に同意したとされた。このようにして、松尾卯一太の土産話を聞いただけの三人も天皇殺害計画の共犯に仕立てあげられた。

三つ目は、冊子『入獄記念・無政府共産』を禅僧内山愚童が作り配布したことだった。大逆事件の発端とされる赤旗事件で入獄した同志の刑の重さに憤り書かれたもので、天皇を神格化し、天皇の名のもとに強権を発する政府を批判した冊子だった。その冊子を見た宮下太吉が天皇襲撃を思い立ったとされた。

大逆事件は、宮下太吉を中心とした爆裂弾密造事件を幸徳秋水を首謀者にまつりあげ、大阪、長野、和歌山、熊本など離れた土地にいる多くの同志を結び付け、全国的な天皇暗殺計画事件にすり替えて拡大した強引なものだった。

あさま山荘から五十年集会

二〇二二（令和四）年、六月十八日。

目黒駅西口を出ると、今にも雨が降ってきそうな怪しい空模様に変わっていた。

目黒通りを左に折れ、権之助坂商店街のなだらかな坂を下る。とんかつ、和食、インド料理、コリアンレストランなど国際色豊かな飲食店がひしめいている。昭和の懐かしい雰囲気が残る片側アーケード街の人込みの中をあたふたしながら進む。熊本から今朝早く出てきたばかりなので、東京のスピードにまったく着いていけない。

コンクリート製眼鏡橋の目黒新橋を渡り、右に入ると、それまでの喧騒が嘘のような静かな通りに出た。春は花見で賑わったであろう、目黒川右岸の緑の桜並木を五分ほど歩くと、濃緑の中にセンター公園があり、目黒区美術館や図書館などが集まっている。

その一角にある目黒区中小企業センターホールで「あさま山荘から五十年集会」が開かれるはずなのだが、そういう雰囲気も参加者らしき人の姿もない。場所を間違えたのかもしれないと不安になり、地図を広げて確認するが間違いない。散歩中の中年夫婦に尋ねると、二人はやはり目の前の古い建物に目を向けた。そこは案内板もなく、辺りはひっそり静まり返っていた。

二十日ほど前、日本赤軍の重信房子が東日本成人矯正医療センターを満期出所したときは、支援者、報道陣、抗議団体、街宣車が取り巻き騒然とするニュースがテレビ各局で何度も流れた。この日の集会も報道陣や支援者、抗議団体が詰めかけるのでは、と想像していたので少し拍子抜けした。

ここで開かれる予定のシンポジウムは、元連合赤軍メンバーらでつくる「連合赤軍事件の全体像を残す会」が呼び掛けたものだ。集会場となっている目黒区中小企業センターホールの中を覗くと、黒いTシャツを着た小柄な女性が忙しそうにしている。机の上に資料を並べて受付の準備をしているようだ。恐る恐る中に入り、その女性に尋ねると、開演時間午後二時の三十分前にならないと会場に入れないという。まだ時間があったのでロビーで待たせてもらうことにした。ロビーは狭く、長椅子二台があるだけだった。隣の長椅子には関係者らしき二人が座って近況を報告しあっている。後で分かったが、一人は元連合赤軍の岩田平治だった。

ロビーの隅では中年男性が黙々と電源延長コードを手に会場設営をしている。水色のワイシャツに少しよれた太めのスラックス、茶色の革靴は少々くたびれている。背の高さは一六五センチぐらい、小太りで眼鏡をかけ、お腹がぽっこり出ている。実直な技術者か学校の先生のように見える。とてもウルトラ過激派と恐れられた元連合赤軍兵士には見えない。ましてやこれから出演する人がここで作業をしているはずはないのだが…

なぜか、この人が雪野建作のように思えた。

思い切って声を掛けた。

「雪野さんですか」

「ええ、雪野ですが…」

よく通る落ち着いた声だ。

私は、目の前にいる元連合赤軍の雪野建作に会うためにここに来たのだった。私の名前と熊本から来たことだけ伝えると、設営作業を妨げないよう、すぐもとの長椅子に戻った。

しばらくして、チラシをペタペタ張り付けただけの、急ごしらえとすぐ分かるタテカン（立て看板）が入り口前に立てかけられた。同時に学生らしい男女四人グループがロビーに入ってきた。彼らと一緒に受付に並び、千円札を出し、箱に置かれたおつりの一円を受け取った。

参加費九百九十九円を払い、「岡本公三さんの闘病生活への支援を！」と書かれたチラシや今日の出演者のプロフィールなどの資料が入った封筒を渡された。机の上に岩田平治の手作り組木キーホルダーがいっぱい入った箱が置かれていた。その中から好きなものを一つ選んでいいと言われ、少し迷って子どもの天使のように見える可愛いものを手にした。

午後一時半、ホールの扉が開いた。

参加者が入場し始めても、壇上ではパネリストが座る椅子の位置がなかなか決まらず並べ変えている。舞台下正面では、雪野と二、三人のスタッフがあせった様子でスクリーンに映し出すプロジェクターとパソコンの調整をしている。四百人ぐらいは入りそうなホールだが、空席が目立つ。ぽつりぽつりと参加者が増え、三分の一ほどが埋まった。三十歳代と七十歳代男性が目立ち、大学生や女性の姿もちらほら見える。三十代の男性は新聞記者やマスコミ関係者のようだ。

壇上ではまだ慌ただしく関係者が動き回っている。ギリギリまで準備に追われていたが、どうにか間に合った。予定通り、午後二時に開演した。

第一部「映像で見る連合赤軍事件」の上映があり、雪野らが設置していたプロジェクターから映し出された。

六〇年安保闘争での国会突入場面、佐世保エンタープライズ寄港阻止闘争、佐藤栄作首相訪米阻止の羽田闘争、全国全共闘結成大会における赤軍派の登場、赤軍派大菩薩峠事件、連合赤軍あさま山荘事件、赤軍派のよど号ハイジャック事件等を映像で振り返りながら、安保闘争で死亡した東大生の樺美智子、日大全共闘議長の秋田明大、赤軍派の重信房子などの顔が大写しになった。

会場が明るくなり、第二部「シンポジウム」が始まった。

進行役の元赤軍派の金廣志が集会の目的を話した。

「社会の不公正に声を上げて、人類の理想社会を築くために立ち上がった。そのはずが、なぜこのような悲惨な事件に追い込まれたのか。きょうは連合赤軍事件の内実や本質について、当事者とさまざまなゲストを交えて五十年を振り返り、多様な視点から考えたい」

当事者パネリストに予定されていた元革命左派の前沢虎義、元赤軍派の植垣康博、青砥幹夫の姿はなかった。これまで集会には必ず参加していた植垣は脳梗塞で倒れ入院し、青砥と前沢の二人も体調がよくないという。連合赤軍事件から五十年が経過し、当事者の一部は鬼籍に入り、残った者も健康をそこなっており、今回が最後の集会になるだろうという。

続いて、金が連合赤軍事件について簡単な解説をした。

「連合赤軍は共産主義者同盟赤軍派と日本共産党革命左派が、一九七一年九月に連合し、十二月に男性十九人、女性十人が集結して結成した新党だった。連合赤軍が軍事化を進める過程で、共産主義化という言葉が持ち出され、同志に対する総括が始まった。一九七一年十二月から翌年二月にかけてわずか一カ月半の間に十二人の同志を殺害する。そして追い詰められた五人のメンバーがあさま山荘に立てこもり、十日間にわたり銃で抵抗して、二人の警官と民間人を射殺するという衝撃的な結末を迎えた」

金は、連合赤軍事件の当事者である雪野建作と岩田平治に自己紹介をするよう促した。直前まで会場設営準備をしていた雪野が、そのままの格好で連合赤軍事件の当事者として舞台に上がり話し始めた。

「私、個人のことを話すと、両親は非常に左翼的な人でした。父などは戦前のこと、共産党員をかくまったためブタ箱に何日かぶち込まれた、と自慢していました。母は、明治末の大逆事件で死刑になった松尾卯一太の親戚です。父は松尾卯一太を親しみを込めて『ウイッタさん、ウイッタさん』と呼び、集めた大逆事件の資料を私に見せてくれました」

雪野は自己紹介の中で先祖の松尾卯一太のことを親しみをもって話した。雪野の自己紹介が終わると、次に岩田平治が簡単に自己紹介したあと現況などを話した。その後、映画監督の森達也、作家の雨宮処凛、漫画家の山本直樹が連合赤軍事件について、それぞれに関わりと考えを発言した。

Z世代学生と討論

第三部では、Z世代（一九九〇年代中盤から二〇〇〇年代までに生まれた世代、デジタルネイティブ）と呼ばれる三人の大学生の質問に雪野建作と岩田平治、金廣志が答えた。

早稲田大一年の安達晴野（校則問題をテーマにしたドキュメンタリー映画「北園現代史」製作をきっかけに人権問題に取り組む）からの「暴力でしか解決できないのか？」という質問に

対して、岩田は、「暴力の裏付けがないと変わらない。正義が勝つのでなく、世の中は勝った者が正義をつくっている」と答えた。安達がインドの独立運動でガンディが非暴力を訴えたことに触れ、暴力に異論を唱えると、これに対し金は、「インドが世界で軍事大国の一つであることも含め、暴力について深く考えたい。我々は暴力をなくすための暴力と考えていた。歴史上、システムがチェンジするときに暴力が行使されなかったことはない」と容赦なかった。

その答えに納得できない様子の明治学院二年の中村眞大（映画「北園現代史」の監督。同映画はYouTubeで配信されると大きな反響を呼んだ）は、「あさま山荘のときはまだ生まれていなかった。連合赤軍事件は江戸時代末期の新選組と同じ感覚、規律が厳しくて切腹させられたのと同じ扱いだと思う。暴力で世の中を変えるなど考えられない。ましてや暴力革命などまったく想像できない。銃で自衛隊、警察と本気で闘おうと考えていたのか？」と疑問を投げかけた。

雪野はそれに対して、「本当のことをいうと、一九七一年二月（銃砲店襲撃）時点では、武力で戦う必要もなかったし、考えてもいなかった。革命左派の指導者川島豪を刑務所から奪還するための銃だった。それが銃を持った時点で組織の路線が変わった。銃を軸とした武装闘争と言い出した。言葉が先行してしまった」と答えた。

国際基督教大一年の宮島ヨハナ（「出入国管理及び難民制定法改正案」に反対する集会を呼びかけ廃案につなげた）は、「理想的な平和な社会を目指していた純粋な気持ちの大学生が、なぜリンチ殺人に走ってしまったのか。そのとき指導者に従うことを拒み、暴力を阻止できる方法はなかったのか？」と問いかけた。

岩田は、「当時の自分自身のことを振り返ってみて、暴力を阻止する方法はなかった。私たちの一番の目的は革命戦士になることだった。命の大切さ、平和の理念はなかった。私が真っ先に山から逃げたのだが、そのときも革命が間違っているとは思っていなかった。もう仲間殺しについていけないという感性的なものだった」と答え、両者の話は平行線をたどるばかりのように思えた。

すると雪野が、「岩田君が言ったことは大事だ。ある分岐があって、どちらかを選ばないといけないときは、理屈や言葉ではなく、自分の感性を信じて、そちらに行くべきだ。そういった意味では、岩田君は正しい道を選んだ。言葉にできなくても、納得できないことがあれば、自分の感性を信じてほしい」と学生に語りかけた。

それまで「理論」ありきと思われた雪野の口から「感性」が大事という意外な言葉が返ってきた。そのとき、Z世代学生と元学生運動家の間の溝が一挙に埋まったような感じがした。三人の学生はそれぞれ自分たちの現在の取り組みや将来の夢を語り始めた。最後に雪野が、「皆さん、自分の感性を信じて、未来を築いてください」と呼びかけてシンポジウムは終了した。

私の地元熊本県玉名市出身で、大逆事件で処刑された松尾卯一太を調べているとき、卯一太の子孫（従兄孫）に連合赤軍事件の当事者雪野建作がいるのを知った。それを聞いたとき、奇しき因縁に息を飲んだ。時の権力に抗い、自由と平和な社会を目指しながら、悲惨な結末を迎えた二人が、時間と空間を超えて結びついた。

あさま山荘事件が起きたのは、私が高校二年のころだった。テレビの現場中継にクギ付けになった。攻防戦は国家権力体制に抗するヒロイックな革命的な行動のように見えて、立てこもったメンバーに共感を覚えた。しかし、彼らが逮捕され、山岳アジトで同志の総括（些細な理由でリンチにかけるための自己批判の強制）、リンチ殺人をやっていたことが次々と明らかになり、陰惨で忌まわしい事件へと展開したことに衝撃を受け、連合赤軍事件のことを早く忘れたいと思った。

そのときから、政治は怖い、話題にしてはいけない、「革命」という言葉はタブーとなり、あさま山荘事件は同級生の中で話題に上ることもなくなった。それ以来、考えることを避けてきた連合赤軍事件は自分の中でモヤモヤのまま五十年が過ぎた。

非戦、自由、人権を唱える幸徳秋水や松尾卯一太ら社会主義者をフレームアップで抹殺した大逆事件と、「反米愛国」を掲げて「世界革命」を目指しながら同志リンチ殺人で自己崩壊していった連合赤軍事件とは何だったのか。

二つの事件に向き合い事実を探り、五十年間抱えてきた心のモヤモヤを晴らすために、封印されたそれぞれの事件の足跡をたどった。

学生に語りかける連合赤軍事件の当事者

革命と暴力について疑問を呈する学生

あさま山荘から50年
シンポジウム
多様な視点から考える
連合赤軍
2022年6月18日[土] 14:00〜 13:30開場／17〜18時頃 閉会予定
目黒区中小企業センターホール 東京都目黒区目黒 2-4-36（目黒駅から徒歩 12 分）
登壇者
パネリスト 雨宮処凛、森達也、山本直樹、パトリシア・スタインホフ（オンライン）、ピオ・デミリア
当事者 岩田平治、金廣志、前澤虎義、雪野建作
会費 999 円（予約不要）
主催 連合赤軍事件の全体像を残す会 連絡先：03-5291-7750 椎野企画
https://www.renseki.net/

「あさま山荘から50年集会」の告知ビラ

第一章

生地に還る

東京監獄刑死者慰霊塔

二〇二二（令和四）年、六月二十日。

「あさま山荘から五十年集会」の翌々日午後、松尾卯一太が処刑された東京監獄跡にある刑死者慰霊塔を探して新宿御苑前駅から地図を頼りに歩いた。集会の日とは打って変わって晴れ渡り、汗ばむような蒸し暑さだった。地図では二キロほどの距離だったが途中で道に迷い一時間以上かかり、靖国通りの住吉町交差点から市谷台町へ登る坂に出た。昔、その道は「刑務所通り」と呼ばれていた。その急な坂道を三百メートルほど上り住宅地の細い道を通り抜けると高台に公園があった。そこが東京監獄のあった場所だ。

松尾卯一太ら大逆事件の死刑囚が収容されていた東京監獄は、今の新宿区富久町、市谷台町、住吉町一帯の広い場所にあった。主に未決囚が収監され、裁判の度に裁判所があった桜田門へ護送されていた。未決で収監されていた囚人たちは、刑を言い渡されると、それが懲役なら刑務所に移され、死刑なら、この場所で絞首刑が執行された。

もともと皇居近くにあった警視庁鍛冶橋監獄所が、東京駅建設のために一九〇三（明治三十六）年に富久町に移転し、東京監獄と改称された。さらに、一九二二（大正十一）年十月に市谷刑務所と改称され、一九三七（昭和十二）年五月に巣鴨に東京拘置所ができるまで続いた。

刑死者慰霊塔がある富久町児童遊園はごみごみとした住宅地の片隅にあった。狭くて古くて殺風景な公園である。変わった形のシーソーと、黄色のペンキが剥げかかっている日よけ柵のある砂場、それにベンチがポツンと淋しく置かれている。児童遊園なのに子どもの姿はなく、声もしない。

刑死者慰霊塔は児童遊園の隅にブロック塀で囲まれていた。塀の向こう側に、昭和の高度成長期に建てられた木造二階建てモルタル造りのアパートが張り付いていた。アパートの窓には、シャツや靴下が干されている。おそらく住人は一人暮らしのお年寄りなのだろう。部屋のラジオから美空ひばりの「風の流れに」が流れてきた。

慰霊塔の正面に、「東京監獄　市ヶ谷刑務所　刑死者慰霊塔」と彫られ、右側面に「昭和三十九年七月十五日建立、日本弁護士連合会」とある。題字は日弁連元会長円山田作の筆と記されている。アパートとの狭い隙間から裏面の奥を覗いても、説明書きはなく、この塔が建立されたいわれなどはどこにも刻まれていない。

しかし、この慰霊塔は、単に東京監獄で刑死した二百九十余人のために建てられたわけではない。大逆事件犠牲者の再審請求に全力で取り組んだ弁護士森長英三郎の呼び掛けで、一九六四（昭和三十九）年に建てられたものだ。

ここに戦前まで絞首台があり、明治の終わりに逆徒の汚名をきせられた松尾卯一太ら十二人が吊るされた。その犠牲者の霊を慰め、二度とそのようなフレームアップを繰り返さないよう後世に伝え、再審請求を支援する意味を込めて建てられたのが、この刑死者慰霊塔である。

一九七三（昭和四十八）年、作家の水上勉も取材でこの地を訪れている。水上と同郷福井県若狭出身で、大逆事件で死刑になった古河力作の伝記小説の最終章の原稿を書いているときだった。そのときのことを水上はこう書いている。

「家のぎっしりつまった町の中に、小さな公園はあった。入り口の両側はアパートで、モルタル建築の二階家が建て込んでいる。小雨の中でもあるので、人影のない遊園地の鉄梯子、遊動円木が濡れそぼつ風景を見ていると、こんなところに監獄があったとは信じられない。力作が、殺された日から約六十三年の歳月が経った。世の中が変わったように富久町も変わった」

水上が訪問して五十年たつが、そのときから何も変わっていない。富久町児童遊園はそのまだし、アパートは古くなっているけれども人の暮らしが綿々と続いている。慰霊塔はなるべく目立たないよう、身を隠すようにひっそりとしている。この一角だけ時間が止まっている。

公園のベンチに座り慰霊塔をしばらく眺めていると、遠くから子どもたちの遊ぶ声がしてきた。遠く熊本から連れてこられ、刑死場の露と消えた松尾卯一太と新美卯一郎の無念さを思いながら刑死者慰霊塔に手を合わせ、子どもたちの声がする方向へと急いだ。

富久町児童遊園内の「東京監獄刑死者慰霊塔」

慰霊塔と隣接する木造モルタルアパート

死体引き渡し

東京監獄で死刑囚の死体引き渡しが始まったのは、一九一一（明治四十四）年一月二十五日午後七時だった。十二人の死刑囚の死体を引き取る家族や親戚、友人らが詰め掛けていた。ところが、二十五日は幸徳秋水、奥宮健之、大石誠之助、内山愚童、森近運平、古河力作の六人だけ引き渡し、残り六人は二十六日にまわされた。

翌二十六日午後七時すぎ、東京監獄北側の不浄門があいて、松尾卯一太の死体を入れた棺桶が担ぎ出されてきた。続いて成石平四郎、新美卯一郎の棺桶が運び出された。三個の棺桶に白木綿が巻かれ、荷車に載せられ落合火葬場に運ばれた。

火葬が終わると、堺利彦の妻為子が骨を拾った。翌二十七日早朝、為子は松尾卯一太の遺骨を抱いて、四谷南寺町（現新宿区須賀町）の売文社のある自宅に帰り、松尾卯一太と新美卯一郎の遺骨は、堺利彦が預かり家の床の間に置かれた。

日本近代史研究家の宮本謙吾は、一九五四（昭和二十九）年から一九五五年にかけて大逆事件の調査、取材で熊本県内の関係者を訪ねて『大逆事件と肥後人』を執筆した。そのとき、宮本は玉名市石貫の松尾卯一太の親族徳永維一郎を取材している。そして、卯一太の遺骨受け取りについてこう述べている。

「卯一太刑死の通知があったが松尾家の側から唯一人として受け取りに行くものがない。その時、『死んだ者に何の罪があるかオレが行く』と云って敢然として行ったのが徳永右馬七である。右馬七は卯一太と従兄弟である。主義思想を異にしていたが子供のころから両人は仲良しだった」

雪野建作も、卯一太の遺骨は、徳永右馬七が上京し持ち帰ったと父精一から聞いたという。雪野建作が松尾卯一太について初めて聞いたのは高校二年のときだった。

「父は松尾卯一太を尊敬していると言っていた。そのときは親戚だとは明確には聞かされなかったと思う。その後も何度かウイッタさんの話をした。処刑されたウイッタさんの遺骨は、私の祖父徳永右馬七が東京から持ち帰ったと言っていた」

雪野精一と宮本謙吾の二人は、右馬七の長男徳永維一郎から遺骨の話を聞いたのだろう。雪野精一と徳永維一郎は幼馴染の親友であり、精一は維一郎の妹郁子と結婚した。右馬七は雪野建作の母方祖父になる。右馬七の叔母津帆が卯一太の母である。

宮本によると、「右馬七の父廣平はこれに反対したが無断で家を出て東京に赴き、卯一太の遺骨を受け取って帰った」という。

松尾卯一太の母津帆の実家徳永家は玉名市石貫の名望家で、代々庄屋の家柄だった。大逆事件のとき、右馬七は石貫村長を務めており、天皇に弓を引いた逆徒の汚名を着せられた卯一太の遺骨を取りに行くに当たっては、警察や世間の厳しい目があり相当の覚悟がいった。

堺利彦宅を訪ねて遺骨を受け取り、二月六日に汽車で熊本玉名に持ち帰った右馬七は、そのとき最寄りの高瀬駅（現玉名駅）で下車せず、人目につかないよう手前の長洲駅に降り、そこから人力車に乗り換えたとされる。葬式は黒葬礼、真夜中に蝋燭も灯さずに真っ暗闇の中で行われたという。

松尾卯一太の家に下宿し、卯一太を兄のように慕っていた中川斎《いつき》は、「私は二十五歳でした。葬式の時は川島にいましたが、警察が来ており、読経も弔辞もなく、一切人を寄せつけず、家の者以外は焼香もできませんでした。私もそばに寄りつけず野辺送りも途中からひそかに見送っただけでした。墓もしばらくは標木が立っているだけでした」と語っている。

卯一太の出自

ＪＲ九州の鹿児島本線玉名駅の北を走る県道３４７号寺田岱明線（旧国道２０８号）を熊本市方面、東に二キロほど行くと菊池川が流れている。菊池川に架かる高瀬大橋を渡り、すぐ右折しさらに二キロほど進むと右手に広々とした田園地帯に百戸ほどの集落が見えてくる。その集落が松尾卯一太が生まれ育った川島である。

松尾卯一太は、一八七九（明治十二）年一月二十七日に熊本県玉名郡川島村（のちに玉名郡豊水村川島、現玉名市川島）に父又彦、母津帆の長男として生まれた。

「松尾家は系図によると信州島田郡松尾城主の一門だったが、その後伯耆国《ほうきのくに》の鳥取県米子に住み一五七三（天正元）年、小早川隆景のざん言により筑前の黒崎に至り毛利元就に仕えた。そのころは杉原姓を名乗っていたが、事を起こし松尾に改姓し、一五八〇（天正八）年荒尾（熊本県荒尾市）の原万田に移り住み小代氏に仕えた。加藤清正の菊池川掘り替え工事のころ、川島に移住して庄屋となる。荒尾には分家を残していた」（『石人』・「松尾卯一太とその周辺」山下信哉）

母の津帆は、同じ玉名の北、石貫の徳永家より一八七一（明治四）年に嫁いだ。徳永右馬七の叔母にあたる。又彦と津帆の間になかなか子どもができなかったので、小天村の檜垣友記の妹トチを養女にしたが、翌年に卯一太が生まれた。一八八二（明治十五）年には弟久男が生まれた。後に、養女のトチは石貫の宮前家に嫁いだ。

卯一太の父又彦と母津帆の結婚については、「又彦はお人よしであった。だから女房にはしっかり者を貰わねばと、あちこち探して見出したのが今は同じく玉名市に合併された石貫の徳永家のツホであった」（『大逆事件と肥後人』）

一方、「津帆には玉の輿（松尾家は惣庄屋だった）とも称すべきであったろうが、又彦はその父又之允に及ばず、何か劣っていたらしい。そこで津帆はのち遊興に走り、乱費した」（『徳永家の歴史補遺』私家版）という右馬七の二女関の話もある。

松尾家は小作米三百俵ぐらいの中地主で、平時は農耕に従事しながら、いったん事があれば軍務に服す、肥後藩の一領一疋《いちりょういっぴき》の郷士（在御家人）だった。県北でも有数の大地主広瀬家の親戚で、屋敷も隣同士だった。ちなみに、明治四十二年刊の熊本県所得納税者『富貴要鑑』によると、徳永廣平九百十四円（右馬七の父）、松尾又彦二千五百九十二円（卯一太の父）、広瀬久門一万四千八百七十一円（玉名郡三位、松尾家の親戚）。昭和四年の「熊本県の大地主調査」に記載されている地主の小作米（年収）によると、廣瀬久門は三千二百俵、徳永右馬七は百二十俵とある。

中川斎によると、「松尾家と広瀬家は隣り合わせて大きな屋敷を持っていて、しかも当主が従兄弟同士なのに苗字が違うので子どものころは不思議に思っていました。実は松尾家は隣家の広瀬久門の家の分家です。卯一太の祖父にあたる又之允の時代に荒尾の松尾家の株を買って松尾を名乗った。広瀬家は玉名郡で一、二に指を屈する郷士出身の徳米とり（千俵）ですが、士分としての格は松尾の家柄が上位だった」

熊本県荒尾市の宮崎家、民蔵《たみぞう》・滔天《とうてん》兄弟との関係についてもこう述べている。

「荒尾の松尾と宮崎家は親籍であったとみえて、宮崎家と松尾家は家と家との付き合いで親籍関係の交際でした。のちには民蔵や滔天と卯一太の交際も思想的な交際となりましたが…」

（『近代熊本21号』・「『熊本評論』関係資料」・上田穣一編）

白い標柱

二〇二一（令和三）年、二月七日。

よく晴れた穏やかな日の午後、松尾卯一太の墓を探して川島地区を歩き回った。

まず集落の中心にある妙光寺を訪ねた。

「大逆事件の松尾卯一太さんの墓はどこにありますか？」

「この辺りには個人の墓はないですよ」

奥から出てきた住職らしい中年男性は素っ気なかった。寺に聞けば、すぐ分かるだろうと高をくくっていたが、期待はすぐに裏切られた。

六十七年前、宮本謙吾も卯一太の墓を探して妙光寺を訪ねていた。

「筆者が松尾一家のことを調査するため川島に調査に行ったのは昭和二十九年六月三日のことであった。先ず松尾家の菩提寺である妙光寺（真宗本派）に行ってみた。住職は若い人でしかも他から養子に来てまもないとのことで何ひとつ知らない。過去帳にもなんの書き入れもない。これは無いのがほんとうでアノ当時、逆賊というので葬式さえ許されず寺で法名をつけなかったのである」（『大逆事件と肥後人』）

私が会った不愛想だった中年の住職は、宮本に応対した住職の跡取りだったのだろう。現在の住職が、松尾家のことを知らなくても不思議ではないと納得した。

山門を出ると、暖かい春の日射しに誘われて、庭先には菜園の手入れをする人の姿が見える。寺を出てすぐ左手の家、庭木を眺めていた七十歳代と思われる男性に声を掛けた。

「松尾卯一太さんの墓はどこか知りませんか?」

男性はいぶかし気にこちらを見ながら、

「墓は知らんですな。近くに松尾という家はなかですよ」

少し歩いて洗濯物を干している六十歳代の女性、続いて散歩している八十歳ぐらいの男性……集落を蜘蛛の巣のように張り巡る細い道を歩きながら、地元のことに詳しいだろう年輩者を見つけては次々と同じ質問をした。

「松尾さんの墓は知らんな。大逆事件は聞いたこつはあるばってん」と返ってきた。

六人の住民に聞いたが、誰も知らない。

(松尾卯一太の墓はここにはないのだろうか)

疑心暗鬼になりながら、集落を横切る比較的広い道に出る、と言っても車が離合できないぐらいの幅である。加藤神社近くの清涼飲料水の自販機前に三人組の中学生男子がたむろしていた。年輩者が知らないのなら、学校で地域のことを学んでいる中学生のほうが、意外と知っているかもしれない。

「大逆事件の松尾卯一太さんの名前を聞いたことがあるね?」

「すみません。知りません」

真面目そうな中学生は顔を見合わせながら、申し訳なさそうに返事をした。

あきらめて帰ろうとしていると、一輪車で野菜の苗を運んでいる七十歳ぐらいの小柄な農家の女性が、目の前を通り過ぎようとしていた。何となく声を掛けた。

「そこの天満さんの隣ですよ」

思いがけない即答に戸惑いながら、教えられた住宅の間の細い道に入ると、拍子抜けするぐらい近くに天満宮の鳥居が見えた。その西側にある畑の一角に苔むした古い墓石が不規則に大小三十基以上並んでいた。

墓地は半分に分けられ、前方に松尾家先祖代々の十五基ほどの形も大きさも不揃いの墓石が集められていた。雑草が生い茂る墓地の中で一番背の高い、百八十センチほどの墓石に「松尾卯一太之墓」と刻まれている。右側面に「明治四十四年一月廿四日没　享年三十三歳」、左側面に「長男奚司郎　二男仝　同太郎　建之」。

松尾家墓所の前には「松尾卯一太の墓」と書かれた白い標柱が立っていた。

北向きの墓碑

玉名市文化課に「松尾卯一太の墓」の標柱について問い合わせると、二〇〇四（平成十六）

年十月、豊水校区まちづくり委員会（村上弘見会長、会員三十九人）が建てたものだという。その当時の会員川上義隆（七〇）の連絡先を教えてもらい、さっそく川島にある自宅を訪ねた。当時、川上は委員会の中では若手だった。会の役員だった人はみな高齢となり、高齢者施設に入ったり、亡くなったりして、川島にはいないという。

川上によれば、委員会で豊水校区内にある名所・旧跡十四カ所を選定し、玉名市の補助金を活用して選定箇所に標柱を立て、地図にその場所を示したパンフレット『豊水散策（十四史跡）めぐりマップ』を作製したという。

豊水校区は川島、小島、千田、小野尻、北牟田があり、約五百世帯、人口約千二百人からなる。五地区からそれぞれ十カ所ほどの史跡が推薦され、委員会の会議で最終的に十四カ所に絞られた。川島からは松尾卯一太の墓のほか川島小学校跡、広瀬邸が選ばれた。

「委員会で話し合い、松尾卯一太の墓も旧跡の一つに選ばれた。それまで大逆事件のことはよく知らなかったし、地元に松尾卯一太さんがいたことも聞いたこともなかったし、大逆事件のことが周りで話題になることもなかった。どのような理由で松尾卯一太の墓が選ばれたかについては思い出せないが、言い出したのは学校の先生だった亡くなった村上会長だったろうね」

近所の人が墓の場所を知らなかったことを話すと、川上はうなずきながら答えた。

「当時の委員会の中でも松尾卯一太がどういう人なのか詳しく知っている人は少なかったと

思う。知っていても、天皇に逆らって死刑になった人、そのぐらいだった。案内板を立てたときも、松尾卯一太の墓を守ろうという気運が盛り上がっていたわけではなかった。散策めぐりマップは豊水校区全戸に配布し、ウォークラリー大会などを開いたが、それ以降は特に何にもしていないし、あれからずいぶんたつから墓のことも忘れられているのだろうね」

散策めぐりマップには松尾卯一太の墓の解説文が載っている。それにはこう書かれていた。

「今は、玉名市川島字上に見守る人もなく、墓碑のみ淋しく残されている。その墓碑も西方浄土に西方に向かうのが通例であるが、この墓碑だけは、北向きである」

詳しい経緯は分からなかったが、十八年前、松尾卯一太の墓が地元の史跡マップで紹介されていた。忘れ去られてしまったと思っていた卯一太の墓に、ここちよい春風が吹き抜けたような気がした。

松尾卯一太の墓をお参りした後、川上に教えてもらった広瀬家の子孫宅を訪ねた。一八七三（明治六）年生まれの広瀬久門が家長のとき大逆事件が起きた。当時、広瀬家はこの辺りの大地主で、「豊水散策めぐりマップ」の一つに選ばれた広瀬邸は、大逆事件が起きる前年の一九〇九（明治四十二）年に久門が建てた豪邸だった。母屋は木造二階建てで、大きな屋久杉の丸太の梁が見事だったという。広々とした日本庭園には滝が流れる広い池があり、白壁土蔵が並んでいた。歴史的にも価値がある建物と素晴らしい庭だったが、二〇〇五（平成十七）年ごろに広瀬家の屋敷は取り壊された。建物が取り壊される前、地元の文化遺産として保存するべきという声や移築して旅館にしたいという申し出などがあったほどだった。

広瀬家のすぐ隣だった松尾家も、本家広瀬家には及ばないものの屋敷は広く、庭の周りには菜園や大きな鶏舎があった。卯一太が処刑された後、その屋敷はすぐ取り壊された。

松尾家があった隣接地に、こぢんまりとした平屋の家が建っている。その家には広瀬久門の孫広瀬泰久、寿子夫婦が暮らしている。泰久は一九三六（昭和十一）年九月生まれ。豊水小学校卒業後、熊本市内の中学に進学。卒業後、玉名高校に入学したが、一年一学期終わりに熊本高校に転校した。

その後、泰久は東京の大学に進み、東京都渋谷区に本社を置く、コンピューター関係の会社に勤めた。二〇〇二（平成十四）年、福岡支店勤務を最後に六十五歳で退職し、故郷川島に戻り、今の家を建てた。地元玉名を離れていた期間のほうが長いため、熊本弁はあまり出ず、標準語で穏やかに話す。

「私が高校一年のとき祖父久門は亡くなりました。私の知っている祖父はとても気骨のある人でした。その祖父が大逆事件で松尾卯一太が死刑になったときは、『自分ら広瀬家もここにおられんと思った』と大変なショックを受けたと話していました。祖父は、縁起が悪いという ことで、松尾の家を取り壊したうえ敷地の土を一尺（約三十センチ）掘り上げ、新しい土に入れ替えました。それから長く更地のままでした。それほど松尾卯一太の家族や親戚に向けられた警察や世間の目が恐怖だったのでしょうね」

大逆事件のことはいつごろ知ったのか、尋ねた。

「子どものころは父や祖父から大逆事件のことを聞いたことがないし、知らなかった。大逆事件の松尾卯一太が親戚ということは、中学生のとき父恒久から聞いた覚えがあります。学校や地域で話題に上ることもなく、そのことでいじめられたり、差別を受けたりしたことは覚えてないですね」

卯一太の墓碑が北向きになっている理由を聞くと、少し顔が曇った。

「誰かが向きを変えたのだと思います。おそらく墓が建てられて間もなくのことでしょうね。何しろ天皇に弓を引いた大逆罪ですからね。それに当時は社会主義者を忌み嫌う人は多かった。祖父久門が地元には住めなくなるかもしれないと恐れたのも分かります。それでも大逆事件の数年後には、松尾卯一太の墓を建てるのを許しているので、そのころは松尾には罪はないと分かっていたのでしょう」

広瀬家の隣、松尾家があった場所には新しく家が建ち、松尾家とは関係ない家族が住んでいる。その家の北裏に大逆事件後に久門が建てた祠《ほこら》があることを広瀬泰久が教えてくれた。ぜひ見たいと言うと、その家の人の許可を取り、案内してくれた。

陽の差さない北裏の片隅に高さ六十センチほどの石の祠があった。その中に不浄や災難を除去するとされる石の荒神様が祭られていた。松尾家にまつわるものは、全て焼却され、代わりに祟りを恐れて置かれた荒神様が卯一太の無念な思いを今に伝えているようだ。

玉名市川島にある松尾卯一太の墓

「松尾卯一太の墓」の案内標柱と松尾家墓地

旧広瀬邸、前方の更地は取り壊された松尾家跡
（提供：広瀬泰久氏）

松尾家跡に祭られている荒神様

没八十五年墓前祭

一九七七（昭和五十二）年、五月。

私が歩いた川島の集落を四十四年前の五月、大阪大学名誉教授の猪飼隆明と玉名郡玉東町の郷土史家坂田幸之助の二人も松尾卯一太の墓を探していた。猪飼が熊本大に赴任した年だった。猪飼は松尾が出していた『熊本評論』を読み始めていた。そのころ突然、坂田が猪飼の研究室を訪ねてきた。坂田は地元の松尾卯一太のことを調べているが、墓が見つからないという。そこで猪飼と坂田の二人は松尾卯一太の墓を探して、めぼしい所を歩き始めた。

私が、猪飼に松尾卯一太の話を聞くために、熊本市中央区国府の自宅を訪ねたのは、二〇二二（令和四）年七月始めのよく晴れた日射しが強い日だった。書架がずらりと並ぶ図書館のような一室で、コーヒーを入れてくれながら、猪飼は卯一太の墓を探したときのことを話してくれた。

「地元の人さえ知らず、卯一太はほとんど四面楚歌の状態だった。やっと見つけた卯一太の墓は、墓地全体が蔦に覆われた状態で、長年、誰も松尾家墓地に入ろうとしなかったことがよく分かった」

墓が建てられた当初は文字を刻むことを許されず、長い間白面のままだったという。

松尾家は大地主の広瀬家の分家だったので、屋敷は広瀬家の向かいにあった。広瀬家は北側全体に広い庭があり、生垣に囲まれていた。猪飼が卯一太の墓を探して川島を歩いた当時、広瀬久門、チヨ夫婦は健在だった。広瀬家に初めて行ったとき、卯一太のことについて聞くと、とたんに久門は口ごもったという。何回か通ううちに少しずつ話してくれるようになった。卯一太が住んでいた家はなくなり更地になっていたが、住宅の間取りや庭、鶏舎の見取り図は久門が覚えていた。千五百坪あった広瀬家に比べると見劣りしたが、鶏舎は当時としては先駆的な構造だった。

「私が訪ねたとき、松尾家の敷地が更地のままだったのは、広瀬さんが土地を売ることや家を建てることを許さなかったのでしょう。地元ではなんか恐ろしい事件があったという話だけが残っていた」

大逆事件後、残された卯一太の父、妻、子ども二人は逃げるようにして川島を出て行ったという。

「実家の宇土にあるはずの卯一太の奥さんの墓も探しましたが分からなかった。卯一太の息子さん夫婦が働いていたという玉名温泉紅葉館を坂田さんと二人で訪ね、玉名を歩き回り卯一太さんのことをいろいろ調べた。そのあと玉名温泉の風呂に入って汗を流すのが楽しみでした。坂田さんとはいいコンビでした。松尾卯一太の墓の草取りにも一緒に行っていましたよ」

私が卯一太の墓を探すのに苦労したことを話すと、猪飼は少しさびしそうに答えた。

「あの辺りも変わったでしょうね。今はもう地元の人も関心がないのかもしれないな。そういえば、私も大阪の大学に異動になった一九八八年からは卯一太の墓には行っていないようだな。定期的にお墓参りをしたほうがいいですね」

猪飼が最初に読んだ大逆事件について書かれた資料は、一九六七（昭和四十二）年三月に出された弁護士森長英三郎の私家版『風霜五十余年』だった。六十ページほどのパンフレットのような小さな本である。大逆事件で死刑、無期懲役となった二十六人のうち二十五人のおいたちや遺族のこと、墓について、それぞれ一ページか二ページを使って簡潔にまとめられている。坂本清馬だけはこのとき健在だったので除いてある。ただし坂本については「はしがき」に出てくる。

森長は「はしがき」にこう記している。

「大逆事件が政治、社会、文学、さらに国際的に与えた影響については十分に研究されてきたが、これは大逆事件の影響の半面にしか過ぎない。大逆事件によって、多くの被告人の家族たちや、死刑を免れた被告人たちが、官憲の圧迫や官僚政府の教宣によって、どんなに苦しんだか、その苦しみに耐えたかを明らかにすることなしに大逆事件の本質はつかめない。そして遺族たちの苦しみは五十余年後のいまも部分的には続いていることを思うと、大逆事件が世紀の大事件であったことを、いまさらながら痛感するのである。

しかし本書はそういう面までも明らかにしようとするのではない。それは別の人がやるであろう。私はただ遺族たちをはげましたい。また苦しんで死んだ人たちの霊を弔《とむら》いたい、そういう気持ちだけで、この冊子をつくった」

この冊子は二百部印刷され、大逆事件の遺族に贈られた。それに対して、松尾卯一太の長男奚司郎から礼状が送られてきた。

「亡父卯一太も草場の陰から皆々様方のご理解とご厚情のほどに感涙していることと存じます。此処に五十余年、今にして初めて大逆事件の犠牲者の方々の霊も安らかに眠られ得るものと察する次第であります。早速折を見て里の亡父の墓前に参じ『五十年史』を供し報告する所存、ご了承願わしく存じ上げます」（「森長資料」）

森長が大逆事件に最初に関わったのは、大逆事件で無期懲役となり一九三一（昭和六）年に仮出獄した坂本清馬と岡林寅松の無期刑の免除と選挙権などの公民権復活（合わせて復権。有罪判決が消えるわけではない）の運動だった。一九四七（昭和二十二）年二月二十四日に二人の復権が実現した。その翌年、崎久保誓一と熊本県鹿本郡広見村（現山鹿市）の飛松與次郎の二人も復権した。森長は大逆事件の再審請求運動、社会的復権運動の先駆けとなり、犠牲者の復権に生涯をかけて取り組んだ。

熊本には、一九六五（昭和四十）年十一月三、四日に来ている。三日は熊本市の立田山にある新美卯一郎の墓参りをし、その後佐々木道元の寺即生寺を訪ねている。山鹿に一泊した森長は玉名市川島の松尾家墓所を訪れた。このときのことを森長はメモに書き留めている。

「墓地の雑草までが、さながら大逆事件を語っているように思われた」

一九九五（平成七）年、一月二十九日。

松尾卯一太の墓前祭が行われた。小雪が舞う寒い日だったが、松尾家の墓地の周りに地元の人を中心に六十余人が集まった。

猪飼隆明と坂田幸之助のコンビが計画を立て開いたものだった。猪飼が墓前祭を案内するチラシを作り、坂田が周辺に丹念に配り下準備をした。二人は地元の主だった家を訪ね、協力をお願いした。当日は地元農協（ＪＡ）の葬祭部が幕を張り、マイクを用意してくれた。

背広を着た坂田が司会を務め、墓前祭の式が終わると猪飼が講演を行った。

「墓前祭を開いたときは、近くの妙光寺からお経をあげに来てくれて、よくしてもらいました。お布施も受け取られなかったのではないかな。広瀬家のご主人は亡くなられており、奥さんが来てくれました。奥さんがお見えになったのには感激しました。これで松尾卯一太さんが復権できると思い、うれしかったですよ」

猪飼は二十七年前に開いた松尾卯一太の墓前祭をうれしそうに振り返った。

大逆事件から八十五年後の墓前祭の日、松尾卯一太はようやく彼の生地に還った。

第二章
社会を変える革命家

高校からデモ参加

二〇二二（令和四）年、六月十九日。

目黒で行われた「あさま山荘から五十年集会」の翌日、世田谷区等々力にある雪野建作の事務所を訪ねた。等々力駅から歩いて十分ほど、目黒通り沿いの古いマンション四階の一室だった。約束の午前十時きっかりにチャイムを何度も鳴らすが応答がない。事務所の電話にもかけたが誰もでない。初対面の私の取材依頼に快く応じてもらったが、おそらく昨晩、集会の打ち上げがあり、疲れもあるだろうから、今日の取材は無理かもしれないと、半分は覚悟していた。あきらめて帰りかけたが、だめで元々と、昨日、ロビーで挨拶したときに交換した名刺にあった別の電話番号にかけてみた。

「あ、忘れていました。今、近くの寝場所にいるので、すぐ行きます」

やはり打ち上げがあり、酒が入り寝過ごしたようだ。

マンション四階の階段踊り場で待つことにし、小さな窓から外を眺めて暇をつぶした。アスファルト舗装の片側四車線の広い道路の向こうに、玉川神社の大きな鳥居が見え、その先に森が広がっている。三十分ほどぼんやり外を眺めていると、申し訳なさそうに少し身を縮めながら雪野がエレベーターから出てきた。

「あれから居酒屋に行ってね、二十人以上いたかな。一つだけ収穫がありましたよ。坂口弘の支援者の女性が声を掛けてくれましてね…」

まだ、昨日の余韻が残っているようだ。

部屋に入ると、本や資料が机やテーブルに乱雑に積んである。

「なかなか資料を整理する時間がなくて…、以前はこの部屋で社員とアルバイトの五人ぐらいでコンピューターシステム開発をやっていたけど、今は一人でウェブサイトのレンタルサーバー業務をやって何とか生活しています」と言いながら本を横にどけて座るスペースを確保してくれた。

雪野は学生運動を始めたころのことを話し始めた。

「父も母も左翼思想だったので、高校生のときから左翼運動をしても反対されたことはなかったね」

雪野が通った都立大附属高校は戦前の旧制中学の伝統を残していた。「自由と自治」、「真理の探究」の精神を受け継ぎ、生徒会でなく生徒自治会の名称が伝統的に使われていた。雪野は自治委員として、秋の記念祭では、鉄道会社から使わなくなった枕木をもらってきて積み上げて、夜はファイヤーの周りで同級生らと話したり、フォークダンスをしたり、先頭になって青春を謳歌した。高校時代の思い出を話すときの雪野は本当に楽しそうである。

当時は、大学生ばかりでなく高校生の政治運動も盛んだった。デモには同級生で誘い合ってさんざん参加した。一九六五（昭和四十）年の日韓基本条約反対闘争のときはクラスメートの五十人のうちなんと四十二人が横須賀にデモに行った。このとき社青同（日本社会主義青年同盟）の高校生デモ隊のジグザグ行進を見て、「あいつら、すごいな」と同級生らと感嘆の声を上げた。

同級生には、民青（日本民主青年同盟）の吉田万三（北海道大進学、後に歯科医、民医連議長、足立区長）がいたし、中核派やブント（共産主義者同盟）系の反代々木系（反日共系）もいた。日本共産党を代々木系と呼ぶのは、日本共産党の党本部の最寄りの駅が代々木駅であるためという。吉田とは仲良しで、日韓基本条約反対闘争のときの横須賀でのデモも一緒だった。吉田ともう一人の友達は、その帰りに米軍相手のバーに入り、大学生のふりをしてアルコールを注文したが、「坊やはだめよ」とホステスに軽くあしらわれてすごすごと退散したようなこともあった。

日韓基本条約批准に際しては、日韓両国で激しい反対運動があった。一九六五（昭和四十）年十一月の日韓基本条約批准阻止で社会・共産両党系統一行動には全国各地で数十万人が参加し、六〇年安保以来の大衆的闘争となった。のちに連合赤軍のリーダーとなる永田洋子《ひろこ》、坂口弘もまったく別々にデモに参加している。そのとき初めて集会とデモに参加した坂口は、「大学生になった以上、全学連の集会やデモに参加したいと思っていた」という。

同条約により、一九一〇（明治四十三）年に発効した日韓併合条約は「もはや無効」であることを確認し、日韓併合により消滅していた両国の国交の回復、大韓民国政府が朝鮮半島における唯一の合法的な政府であることが合意された。この条約に対して日韓両国に激しい反対運動が巻き起こった。条約によって韓国は南北分断が固定化され、日本は冷戦に巻き込まれ、戦争に参加するようになるという理由が主だった。

しかし、その背景には、アメリカの東アジア戦略として、一部当局者だけの間で水面下の交渉がなされ、国民的理解が得られないまま制定されたことがあった。また日本から韓国への経済協力によって、条約上は韓国への補償は済んだはずなのに、その実感が韓国国民にはなかった。日本の経済援助資金の一部は両国の政治家や官僚などを潤し、日本の企業に還流したとされる。日本から受けた個人への補償金を韓国政府が経済発展資金に回したことが発覚して二〇一四（平成二十六）年に裁判になっている。大逆事件のころ、山形有朋、桂太郎ら当時の政府が画策した日韓併合条約が、今も日本と韓国の間に暗い影を落としている。

日韓闘争は、一九六〇年代末の学生運動の「前奏曲」となった。

そして奇しくも、高校生だった雪野建作、学生運動を始めたばかりの永田洋子、坂口弘らが別々のグループで日韓闘争に参加していた。

一九六六（昭和四十一）年七月には千葉県成田市三里塚に新東京国際空港の建設が決まった。反対する農民は三里塚芝山連合空港反対同盟を結成し、政府・公団と対決した。そうしたなか、同年九月、マル戦派（共産主義者同盟マルクス主義戦線派）と、関西ブント（共産主義者同盟関西地方委員会）、独立社学同（独立派）が形成していた統一派（共産主義者同盟統一委員会）が合同し第二次ブントができる。十二月には社学同（社会主義学生同盟）、社青同解放派、マル学同中核派による三派全学連（全日本学生自治会総連合）が結成される。そこにはブントの流れをくむ社学同ＭＬ派（マルクス・レーニン主義派）、社青同国際主義派（第四インター）も参加していた。

一九六〇年代末の学生運動は、日本だけではなく、中国の文化大革命、フランス五月革命での学生運動を皮切りに、アメリカでは、映画「いちご白書」で有名なコロンビア大学闘争や、非暴力学生調整委員会、ブラックパンサーなど学生運動が激化していた。イタリアでもボローニャ大学を始めとして闘争は広がっていった。ドイツでもドイツ社学同を指導部隊とした運動が起きた。スチューデント・パワーが全世界で吹き荒れ、日本でも新左翼系の三派全学連による反戦運動や全共闘運動などで、全国の大学、高校が紛争状態となった。

雪野は無党派だったが、どちらかといえば反代々木系にシンパシーを持っていた。一九六五（昭和四十）年七月に中核派の高校生組織である反戦高校生協議会（反戦高協）が結成されたときは、創立総会に参加した。雪野は高校時代からマルクス、エンゲルスの『共産党宣言』などを読みふけり、マルクス主義に共鳴していた。

東京大を受験したが失敗、浪人した。受験体制を社会的な矛盾と感じていたこともあり、予備校に通わないで公立図書館の学習室で自学した。英語の勉強を兼ねてモスクワの出版社から出ていた英語版レーニン著『国家と革命』や『帝国主義論』などを読破し、浪人中も反戦高協の学習会にも顔を出した。

「母は常々『大学に落ちたら職工さんになれ』と口にしていたくらいなので、その点は幸いだった」

二度目の入試でも東京大に挑戦するが不合格だった。

「これは自分でも悔いのない結果だった。倫理社会の問題に、受験生の世界観が反映する記述式の設問があり、僕はためらわずマルクス主義の言語を使って書きたいことを書いた。仮にそれが原因で落ちるなら、そんな大学はこちらの方からごめんだ、くらいの気持ちだった」

受験勉強よりマルクス主義の本に熱中する雪野を見ていた母親の、「万一の場合のため、ほかの大学も受けたら」という勧めに応じて横浜国大も受験した。結局、横浜国大に入学した。

「学科を工学部化学工学科にしたのは軽率だった。関心のある分野は歴史学、経済学、自然科学など多すぎて選択に困るほどだった。結局好きだった化学の分野を選んだのだが、そこはプラントの設計など物理の分野とも重なる特殊な分野で、やりたいと思っていた研究とは少々筋違いの分野だった」

横浜国大入学

一九六七（昭和四十二）年四月、雪野は横浜国大（横浜国立大学）工学部化学工学科へ入学した。前年に横浜国大では学部名称変更反対闘争が起こり、それが収束したばかりだった。キャンパスはそのときの学生らの熱気が冷めやらないころだった。

横浜国大闘争の発端は、一九六六年一月八日、学芸学部の教授会が、学部名を教育学部に変更する決議をしたことだった。学生らは冬休み中に、大学が一方的に名称変更を決めたことに反発した。同月十一日、学芸学部自治会の約百人の学生と学芸学部部長の団交（団体交渉）が行われた。学部長が、「学芸学部の八〇パーセント以上が教員になっているのだから、教育学部と何ら変わりがない」と発言したことが学生らの怒りに油を注いだ。その後何度か団交が行われたが決裂し、学生らは学部名称変更阻止全学闘争委員会を立ち上げ、教授会決議の白紙撤回を求めてストに突入した。キャンパスを封鎖、教職員を排除して、学生の自主管理を約一カ月余にわたって強行した。この自主管理下のキャンパスでは、学生自治会が編成した自主カリキュラムによる学習が手探りで進められた。

『教育と教育政策』（宗像誠也、岩波新書）、『教育白書』、『戦後教員物語』（三一書房）等々の教育関係の本が、闘争委員会の配布した資料と一緒に読まれ、討論された。上級生は専門の研究を行った。次第にこれらのプランは自主カリキュラム委員会によって編成され、学外講師の講演などを組み込み時間割が決められた。多くの学生らはバリケード封鎖されたキャンパスに登校し、自主カリキュラムに参加した。

三月に入り、学生と教授の団交が再開した。再交渉最終日の十六日午前から十七日までの徹夜団交となった。学部名称変更阻止は認められなかったが、カリキュラムと学部運営は変更しないこと、教授会と学生自治会の協議会を設置することが約束され、バリケードは解除された。この闘争については、評価はさまざまで、協議会は設置されたが、名称変更は阻止できなかったので敗北とする見方が多かった。

「僕が横浜国大に入ったときは、学部名称変更阻止闘争は前年の三月に終わって、成果も上げたわけだけど、文部省の前に負けたわけ。勝ちようがないわけだからね。でも前の世代の特に教育学部、学芸学部の諸君はそういう非常に高揚した闘争を経て活動家もたくさんいた。大槻節子さんなんかそうなんだよね」

雪野はこの闘争を高く評価している。

「学生が徹底して勉強して理論的にも教授と互角に渡り合い、一方的にやり込めるのではなく理論闘争をした。最終的には学生自治会と大学の関係者が対等の立場で協議して決める、二者協議会を結ぶという画期的なものだった」

この闘争を実際に指導していたのは、当時マルクス・レーニン主義者同盟（ＭＬ派）、のちの革命左派のメンバーだった。中でも学生自治会委員長の新井功は、学生運動活動家としては珍しく野球を得意とする体育会系の面も持ち合わせていた。飾らない親しみやすい人柄で人気があった。文化系サークル、体育系サークルのどちらにも人望があり、全学自治会の中央委員長として学園祭なども取り仕切っていた。

「新井さんはとにかくファンが多かった。学部名称変更反対闘争が収束した一九六六年四月に入学した大槻節子さんも、新井さんから闘争の話を聞いて影響を受けている」

大衆路線「警鐘」

横浜国大に入学した雪野は各派のオルグ(左派系団体の組織拡充のための勧誘活動)の集中攻撃を受けた。雪野は学生運動をすることを決めていたし、それによって社会を変えたいという思いが強かった。学生運動各派の思想的背景について詳しかっただけに組織選びは慎重だった。

「共産主義者同盟(ブント)系は欠けていたが、ほとんどの党派が横浜国大には揃っていた」と雪野は言う。

横浜国大は中核派の有力な拠点校だった。大学に入った時点でマルクス主義をすでに勉強し、中国の思想、経済についても学んでいた雪野は、学生運動にもの足りなさを感じていた。

「中核派はいかにも学生の感性で、労働者の党派でないと感じていたし、民青のあいつら腑抜けじゃないかと見ていた。どちらも所詮は学生運動、本当に世の中を変えるだけの思想もバックボーンもないと思っていた」

「経済のシステムをどう変えるか、それを描いた絵がないと、革命を起こし権力を取っても、その先どうしていいか分からないと考えていた。社会主義の革命で、経済や社会の構造を全部変える革命家になると思っていた」

無党派として行動していた雪野が、初めて心惹かれる党派と出会うのは、入学した年の一九六七（昭和四十二）年十月半ばのことだった。雪野が魅力を感じたのはＭＬ派から派生した警鐘グループだった。東京学芸大中退の元社学同ＭＬ派幹部の河北三男が、東京水産大のマル戦派の川島豪らを誘って、「これからは学生運動主体でなく、青年労働者を組織すべき」として結成されたのが警鐘グループだった。新左翼とは一線を画し、参加者には学生をやめて労働者になることを要求した。

ＭＬ派横浜国大グループはほぼ組織ごと警鐘に移行した。警鐘は中国の文化大革命を熱烈に支持し、マルクス・レーニン主義、毛沢東思想を指導理念としていた。その後、警鐘グループは、日中友好運動をきっかけに、日共左派（日本共産党革命左派神奈川県委員会）に接触し、下部組織として合流する。

日共左派は、労働運動や婦人運動も組織していた。県立神奈川高定時制の生徒を中心に「反戦団」という青年組織をつくり、職場での闘争やデモに参加していた。婦人運動は、その実態は学生運動を卒業した女性活動家が中心だったが、「反戦平和婦人の会」、「婦人解放同盟」などがあり、「闘う母親大会」などを百人ほど集めて開いていた。

「ヘルメットとゲバ棒に象徴される当時の騒然たる運動の高まりの中で、大衆と結びつくために着実な努力をしていた。僕が彼らに共感した大きな理由も、このような労働運動を重視し、労働者と結びつこうとしていたという点にあった」

雪野は日共左派青年組織のＹＦ（ユース・フロント＝反帝平和青年戦線）と称する小さなグループに所属した。

「僕は新井さんにオルグされてＹＦに加わった。ただセクト（党派）に入るに当たっては相当異質だったかもしれない。同級生の多くは大学に入った時点はほとんど真っ白、何にもない状態だった。僕は高校時代に下地ができていたので、大学に入り半年ぐらいでここだと決めた」

雪野によると、ＹＦはほかのセクトと異なっていたと言う。

「ビラやレジュメの文章でも、学生運動特有の難解でひとりよがりのものでなく、平易で明快だった。アジテーションにしても絶叫調スタイルでなく、きわめて分かりやすかった」

党員もほかのセクトの活動家のように、肩をいからせて歩き回り、学生を威嚇する独善的な者はいなかった。みな謙虚で親しみやすい人間が多かった。

「活動家がきわめて大衆的な人たちだった。そこに惹かれた」

彼らが手にする赤い小冊子の『毛沢東語録』にこそ当初抵抗があったものの、読んでみるとまともな、いいことが書いてあった。毛沢東思想がＹＦの大衆性の裏付けになっていることも理解できた。学生運動ではなく労働運動が主体なのが大きな魅力だった。

雪野がＹＦで活動を開始する直前、一九六七（昭和四十二）年十月八日、佐藤栄作首相のベトナム訪問阻止を目的に、三派系全学連（中核派、社学同、社青同解放派）が羽田空港に突入した。この第一次羽田闘争「十・八（じゅっぱち）羽田闘争」はヘルメットと覆面、ゲバ棒で武装した実力闘争の幕開けとして、戦後の新左翼運動史におけるターニング・ポイントとなる事件だった。それまで角材は内ゲバでは使われていたが、機動隊相手に使用されたのは初めてだった。

この衝突で京都大一年生の山崎博昭が死亡した。死亡した山崎の正義感が強く冷静で控えめな人柄がマスコミなどで紹介された。

彼の日記が『週刊朝日』に掲載されたことが学生たちに衝撃を与えた。

「地球上に生を受けて十八年と十カ月、私はいったい何をしてきたのだ。現在にすら責任をもたず、未来に対する責任もなくひたすら懐疑と無関心のあいだを揺れ動き、他人の言葉で自己弁護する。この私はいったいだれだ…」

当時、山崎の死が運動参加の契機になったという学生は非常に多く、その中で、一部の学生らは報復として武装行動への意欲を高めつつあった。

新左翼運動は、この十・八闘争から始まった。

雪野はその当時をこう振り返る。

「十・八闘争以降の高揚とはやっぱり無縁じゃなくて、その当時、自分を含めYFだとか反戦団に集まって来た人たちは、あの闘争に触発されて、影響を受けている。僕の場合でいうと、学生運動ではなく労働運動が本道という、運動全体の考え方とか、活動家のパーソナリティに共鳴した」

「革命左派」結成

小さなグループYFに加入し、学生運動家としてスタートしたばかりの雪野に、予想もしていなかった大きな分岐点となることが起きた。

戦中派で戦後革命期を経験してきた日共左派の元共産党員と武装闘争を強行しようとする川島豪らが対立したのが原因だった。街頭実力闘争を評価しない日共左派の指導部に対して川島と河北の二人は不満をもち、「闘う姿勢がまったく見えない。これでは七〇年安保は戦えない」と分裂することを決めた。

一九六九（昭和四十四）年四月十二日、河北と川島が「革命左派」（日本共産党革命左派神

奈川県委員会）を結成し、「米日反動を闘争対象として明確に暴露し、なかでも最も主要な敵としてアメリカ帝国主義の暴露に全力を集中し、米日反動の日本人民支配の背骨をなす具体的闘争の中で中心攻撃目標とし、とりわけ米軍基地に集中攻撃を浴びせる」、「基地撤去を中心に沖縄・安保・日中・学園・生活と権利の闘争の共闘組織を結成」、この二つを実現する闘争をしていくことを掲げてスタートした。

このとき革命左派に参加したメンバーは、横浜国大グループとしては雪野のほか、同級生の吉野雅邦（あさま山荘で逮捕、服役中）と寺岡恒一（山岳ベースで死亡）、金子みちよ（山岳ベースで死亡）、一学年上の柴野春彦（交番襲撃で死亡）、大槻節子（山岳ベースで死亡）らがいた。このほか坂口弘（あさま山荘で逮捕、確定死刑囚）、前沢虎義（山岳ベースから脱走）、永田洋子（山岳ベース付近で逮捕、二〇一一年に獄死）ら総勢約二十人だった。

革命左派の結成と同時に機関誌『解放の旗』が創刊された。創刊号では、「我々の目指す共闘組織は、職場の闘争を基礎にして実践的に結集していく」と宣言している。革命左派結成後も工場に入り労働者になるという方針はそのままだった。そして同機関紙で全国政治新聞の共同編集を呼び掛け、より大きな組織的な結集を目指していた。

革命左派結成の一週間後の四月二十日、革命左派の大衆組織である京浜安保共闘の結成大会が、横浜市鶴見において開催。革命左派の下部組織の労働者反戦団、学生戦闘団、反戦平和婦人の会、東京共青（東京都共産主義青年同盟）の四団体が共闘のために結成された。総勢五、六十人の組織だった。

後に、革命左派の闘争が報道されるときは、京浜安保共闘の名称が使われるようになった。これは日本共産党革命左派神奈川県委員会という革命左派の正式名称について、日本共産党が「わが党とは無関係」と繰り返し抗議し、その旨を記事に付記するようマスコミに要求したためだった。

武装闘争に転換

ところが革命左派を立ち上げたことで、雪野らは内ゲバ（組織内の暴力抗争）に巻き込まれていった。元ＭＬ派の河北が、同派に所属していたメンバーを集めて警鐘をつくり、それを基に革命左派を結成したことを裏切りとして社学同ＭＬ派が襲撃を繰り返した。革命左派のメンバーは、ＭＬ派の拠点である明治大学の学生会館に監禁されリンチされた。

「一九六九年六月二十二日でした。沖縄問題の集会とデモのあと東京駅での解散のときに襲われて、川崎高校定時制反戦団の勤労学生が何人も怪我した。そのときがＭＬ派から大衆的な党員がやられた、最初のときですね。それまで柴野がちょっと殴られるとか、もっぱら幹部がやられていたぐらいだった」

その後すぐにＭＬ派の内ゲバに対抗するため武闘集団「反米愛国行動隊」が結成された。それが、後に「人民革命軍」となる。約二十人で組織された行動隊は多摩川の河原でゲリラ戦の訓練を行った。隊員には、「登山の手引き」という小冊子が渡された。それは一九五〇年代に武装闘争路線だった日本共産党が発行した、「球根栽培法」というタイトルの非合法活動及び火炎ビンやカーバイト爆弾など武器作成の手引きの復刻版だった。

雪野は、「僕の認識としてはML派のゲバルトに対する防衛的な性格のものという感覚で受け入れたんだけど、その後はもっぱら政治ゲリラの担い手になってしまった」と振り返る。

そして過激な闘争へと突っ走っていく。その後、学生戦闘団と改称する。

「学生戦闘団の名前だけは恥ずかしくて嫌だった。ロシアの昔のテロリスト集団を思わせる寒々とした響きがあるでしょう。今考えると、このとき本当に学生が戦闘するグループ、学生戦闘団になった」

雪野はそう言って苦笑し、当時のYFを振り返った。

「YFは反代々木で実力闘争にも加わっていたが、和気あいあいとした仲良しサークルめいた側面があり、ほかの党派には軽くみられる向きもあった。しかし、単なる学生組織ではなかった。主力軍はあくまで労働者、農民であるとされ、青年、学生運動はその先鋒隊と位置付けられていた。定時制高校生たち勤労学生や労働者の集会は学生運動とは全く気質の異なる、素朴で力強い空気に満ちていた」

ML派による執拗な襲撃のため、指導者の河北や新井は東京では動きが取れなくなったこともあり、四大工業地帯の地域に反映する全国政治新聞の共同編集を全国展開する任務配置として河北は大阪に、新井は名古屋に移って活動することになる。

東京に残り、事実上独裁的指導者になった川島豪による急激な武装闘争路線への変更に、雪野は戸惑いながらも組織にとどまった。

「僕も若かったので熱くたぎるものがあった。革命左派は本気で革命をやると考えていた。当時の学生がいろいろやっていたのはしょせん学生の運動で、主力軍は労働者という考えでずっとやってきた。一九六八年の大衆的実力闘争の中では先頭に立ってやったわけじゃないけど、本気で革命をやるんだという気持ちで、みんなやってきたわけで、そういう中で武装闘争の革命左派ができていったとしか言いようがない」

当時、学生運動に対する警察の弾圧は激しく、活動家は徹底的にマークされ、時には迫害を受けることもあり敵愾心《てきがいしん》をかきたてた。機動隊との衝突を繰り返すなかで、何とかして権力の壁を突破して主導権を握りたいということから、戦術はどんどんエスカレートしていった。

労働運動活動家に

一九六九（昭和四十四）年七月、雪野は党の指示を受けて町工場で働くことになった。母親に相談するとすぐに答えが返ってきた。

「それだったら家を出て、自活しなさい」

そこまで考えていなかった雪野は慌てた。

「おい、おい、まだ家を出て生活するところまで考えていないよ、とオタオタでした。収入がなかったからね。アパートを借りるのにもお金がいるし、組織はもちろん出してくれない。両親は、高校のころから一貫して左翼運動に反対したことはなかった。そういう母だったので、工場で働くことを止めたりすることはなかった」

工場に入る前、横浜国大のクラスメートが近くの居酒屋で壮行会を開いてくれた。雪野はそのときから学生運動から離れた。

雪野は、町工場が立ち並ぶ東京都大田区蒲田近くの矢口町にあった自家発電装置や電気抵抗器、エンジン予熱器を製作している精電舎の工場に学籍を隠して働いた。しかし、地道に職場での運動を組織する余裕はなかった。革命左派合法組織の京浜安保共闘の責任者だった雪野は、仕事が終わると会議や集会、デモの計画・実施、ほかの組織との連絡などに走り回るだけで手いっぱいだった。

雪野は京浜安保共闘のまとめ役として目立っていたため、京浜安保共闘を専門的にマークする神奈川県警の刑事に尾行されていた。家の周りと、退社時刻の工場の付近には必ずいて、つきまとった。

「会社を出たら、公安刑事が電柱の陰に隠れていた。露骨につきまとって、行動を妨害することを目的とした密着尾行は実にうるさい。追跡をまくのも簡単でなく、彼らに強い憎しみさえ感じた」

同年八月二十四日、蒲田でビラを撒いているところを警察に捕まった。

「軽犯罪だから名前を言えば釈放されるのだけど、そのときは二泊三日か三泊四日で帰って来た。当時、とりあえず三泊四日の留置から練習して、執行猶予がつく程度のところで、というような段階を追って運動の経験を積んでいくというのが、新左翼にはあったんだよね。留置場を出て自宅に帰ったら、父親が『すぐ風呂に入れ、シラミがいただろう…』と。昔、父親が共産党員の友達をかくまってブタ箱に入ったときはシラミにやられたみたいでね」

雪野は面白そうに話した。

組織の指示で、雪野や永田、大槻らメンバーは町工場で労働者として働き、労働運動の広がりを信じて活動していた。しかし労働運動の組織化という目的は、ほとんど実らなかった。職場で着実に運動を組織する視点も展望も、直接行動を最優先する川島ら指導部からすでに消えつつあった。

第三章

謀叛の血

松尾卯一太の関連系図

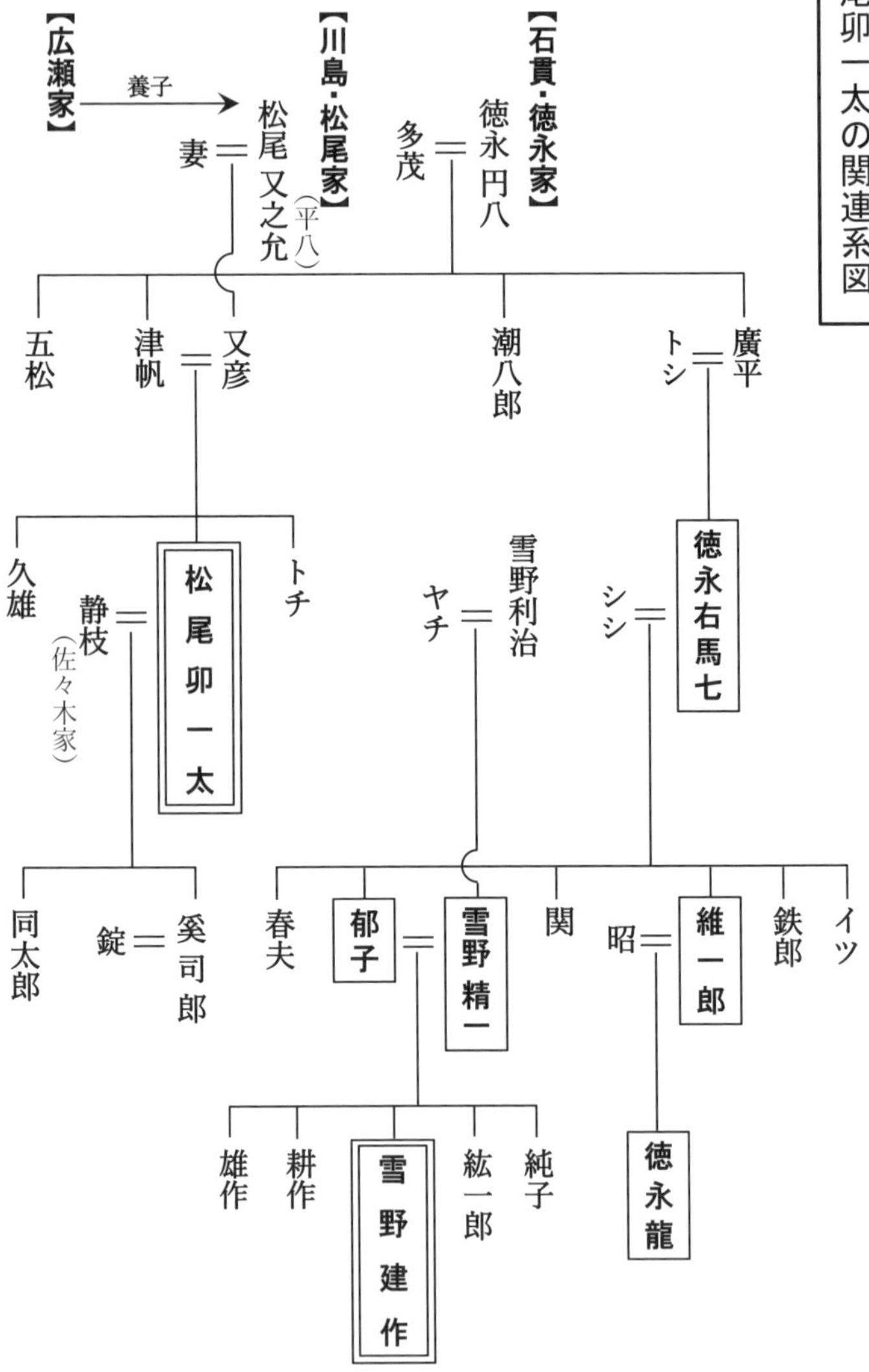
【石貫・徳永家】
徳永円八
多茂
【川島・松尾家】
松尾又之允（平八）
妻
【広瀬家】
養子
廣平
トシ
潮八郎
又彦
津帆
五松
徳永右馬七
シシ
雪野利治
ヤチ
トチ
松尾卯一太
静枝（佐々木家）
久雄
イツ
鉄郎
維一郎
昭
関
雪野精一
郁子
春夫
奚司郎
錠
同太郎
徳永龍
純子
紘一郎
雪野建作
耕作
雄作

卯一太の血脈々

二〇一四（平成二十六）年、春。

玉名の古い写真を探していたとき、石貫の徳永家にはあるだろうと知人に教えられて訪ねた。そのとき、応対してくれたのが徳永龍だった。一九四七（昭和二十二）年生まれの徳永龍が小学生だったころの玉名市立石貫小学校の古い写真を見せてもらったのち、座敷に案内された。

「祖父の徳永右馬七は熊本時代の夏目漱石と親しくしていたようです。漱石からもらった手紙が我が家にありますよ」

額縁に入った手紙（複製。実物は「くまもと文学・歴史館」に寄託）が飾られていた。手紙が達筆すぎて解読できずに困っていると、額縁の下に手紙の書き下し文が置かれていた。

喜墨拝誦　目下御地に御勤務のよし　山水明媚の勝地に候へば定めて御適意の事と存じ候御尋ねの Jet と申す字は black　amber と意義より一転して単に黒色と申す義に使用致し候へば此場合にも矢張り黒き色といふ名詞ならんかと愚考致候

指頭を黒く染めて居る即ち指爪の間扑に垢や何にかがたまってきたなくなって居る処をば申したる迄かと存候　右は御報知迄　　匆々頓首

五月二十七日　　　　　　　　　　　　　　　金之助

徳永様　坐右

封筒の宛先は「佐賀県唐津水主町家野方　徳永右馬七様」、差出人は「熊本市内坪井七八夏目漱石」、消印は明治三十二年五月二十八日。確かに夏目漱石の手紙のようだった。

夏目漱石から右馬七に送られた手紙の宛先は佐賀県唐津になっている。右馬七は済々黌の英語教師を依願退職し、一八九九（明治三十二）年五月五日に佐賀県第三中学校に赴任した。この漱石の手紙は、右馬七が唐津に着いてから漱石に宛てた手紙の返事だった。漱石は熊本を離れた右馬七の英語の質問に対しても丁寧に答えている。漱石の優しさと、二人の交友の親密さがうかがえる手紙だ。

右馬七は漱石が熊本の第五高等学校に英語の教師として在任していたころ、その門を叩き、その教えを受けていた。当時漱石は友人正岡子規の影響から俳句に熱を入れ、熊本時代は多作の時期だった。右馬七は以前より子規の「日本新聞派」（後のホトトギス派）の俳句をやっていたので、漱石には英語よりもっぱら俳句の面で指導を受けた。

徳永龍が祖父右馬七の話をしているとき、大逆事件の松尾卯一太が遠い親戚ということに及んだ。それがずっと私の頭に残っていた。そのため、松尾卯一太の子孫に連合赤軍事件に関与した人がいるということを知ったとき、徳永龍がその人の連絡先を知っていると直感した。

二〇二二（令和四）年、五月十七日。

玉名市石貫の徳永龍を訪ねるのは二度目だった。

約束の時間より少し早く着き、高台にある家の玄関前で徳永龍を待っていると、軽トラが駐車場に勢いよく滑り込んできた。ドアが開き、徳永龍が日焼けした顔をほころばせて降りてきた。

畑から帰った徳永龍と短く挨拶し、すぐに玄関の前に置いてある長椅子に腰かけて二人並んで話をした。新型コロナの感染予防のため、家の中でゆっくり話ができる時期ではなかった。

「お尋ねの連合赤軍の当事者というのは、従兄弟の雪野建作のことですね。子どものころ、夏休みに従兄弟の雪野建作、耕作、雄作の三人兄弟が来て、我が家に何日も泊まっていたので、遊んだことはよく覚えていますよ。我が家の二階にみんなで寝ていました。僕は一人っ子なので、兄弟ができたようでうれしかった。特に建作さんとは年齢が近いので、一緒によく遊びました」

徳永龍はうれしそうに話す。

東京で二度目に雪野建作に会ったとき、その話をすると懐かしそうだった。

「小学生のときは、夏休みになると熊本玉名の維一郎伯父さんの家に遊びに行っていました。けっこう長い期間いましたよ。従兄弟の（徳永）龍ちゃんとは、家の前の小川でよく川遊びしたね。上流まで探検したら眼鏡橋があって、そこで遊んでいたら村の人から『徳永さんのところに来とる、雪野精一さんの息子さんかい』と呼び止められたりしました。どうして僕のことを知っているのだろうと不思議でしたよ」

石貫の徳永家といえば、代々庄屋で、雪野の曽祖父徳永廣平、祖父右馬七、伯父維一郎の三代は石貫村長を務めた名望家として地元で知らない人はいない。

雪野建作と徳永龍が探検した眼鏡橋は、石貫村庄屋だった高祖父徳永圓八が一八五九（安政六）年に架けた車橋（延橋）である。しかし、一九六二（昭和三十七）年七月三日夜から四日にかけての大雨洪水で、橋の欄干と上流側の石積みが崩れた。

そのとき、石橋アーチ型の橋は不便ということで、コンクリート平橋に架け替えの意見書が地元から出された。そして眼鏡橋は翌一九六三年二月に取り壊され、「延橋」の石柱は川床の中に押し込まれた。

「車橋の歴史的意義を認めて修繕してせめて姿だけでも残し、その隣にコンクリート橋を架設してほしかった」

今も徳永龍は唇をかんで残念そうに話す。

徳永龍は、一九四七（昭和二十二）年二月十八日、父維一郎、母昭の長男として玉名市石貫に生まれた。雪野建作と同じ年の生まれである。だが、二人は対照的な人生を送ってきた。

徳永龍は小学生のころは病弱だったが、成績は優秀だった。そのため母親の希望で小学六年のとき隣町の玉名町小に転校し、玉名市立玉名中学校に進学した。そして周囲の期待通り、地元のエリートコースといえる、進学校の県立玉名高校からストレートで熊本大学工学部に進んだ。当時、熊本大学でも盛んだった学生運動に走ることなく、真面目な学生生活を送った。

「父は早く亡くなりましたけれど、若いころから左翼でした。母は、僕が父のように左翼になり、学生運動をすることを心配していたと思います。母は一人息子の僕に人生のすべてをかけていたので、その期待は裏切られませんでしたね。東京の大学に行きたい希望はありましたが…」

　徳永龍の熊本大学時代の後半は学生運動がピークに達したときだった。特に文系は過激派が多く、徳永の属した工学部の学生は運動に熱心でなかったので、彼らから「日和見主義者」と嘲けられた。

「卒業した年の卒業式は学生運動のため中止になり、卒業式もなく追い出された」

　卒業後は大企業の三菱電機に入社しサラリーマンとなる。入社三年目の一九七一（昭和四十六）年春、静岡製作所に勤務していたころ徳永龍は部屋を借りて一人暮らしをしていた。天気がいい日は自転車で通勤していたのだが、気になることがあった。勤務が終わり、会社の門を出ると、誰かに後ろをつけられているような気がした。時々、近くの電柱の陰に隠れて、男がこちらを見ている。そういうことが何日か続いた。

　徳永龍の予感は的中した。ある夜、龍の部屋に私服刑事が突然訪ねてきた。

「従兄弟の雪野建作の居場所を知らないか」

高圧的な刑事の態度にムッとしたが、努めて冷静を装い、「知らない」と答えた。

雪野建作が、過激派の活動家となり事件を起こして全国指名手配されていることは知っていた。しかし雪野から連絡はなかったし、どこにいるのかさえ見当もつかなかった。

「下手に隠すとあなたのためになりませんよ」

刑事はやんわりと脅した。

「僕は、すぐに『会社にバラすぞ』という意味だとピンときた。親族に左翼活動家がいることが分かったら、会社に睨まれて出世できないことは知っていた。でも仲良しの従兄弟を警察に売るつもりはさらさらなかった」

その後、刑事に尾行されることはなかったという。

雪野建作にその話をすると、

「龍ちゃんのところにも刑事が行ったのか。小学校の担任の先生や高校のときの同級生の勤め先にも刑事が居場所を聞きに来たと後から聞いた」

雪野はうれしそうに続きを話した。

「担任だった先生は『私は雪野君を信じている。彼は彼なりの考えでやったことだろう』と言って追い返したそうです。同級生は、『職場に刑事が来たので、応接室に通してお茶を出したら、喜んでいたよ。門前払いが多いだろうから珍しかっただろうね。もちろん丁寧にお断りして帰ってもらったよ』と面白そうに話していましたよ」

徳永龍は、刑事を追い返してから十数年後、東京の雪野家で、雪野建作と再会した。

「刑期を終えて出所したばかりの建作さんを訪ねると、自宅の風呂を作っていたので、私もセメント塗りを手伝ったりした。それ以来彼との交友は続き、何度もお宅に泊めてもらい、郁子叔母や彼とよく話した。上京すると、雪野家を訪ねるのが最大の楽しみだった」

二〇〇三（平成十五）年の夏、五十六歳でサラリーマン生活に終止符を打った徳永龍は、子どものころから農業の経験があったので、地元石貫に帰ると畑作と平飼い養鶏を始めた。

ちなみに松尾卯一太は養鶏業を生業としていたときがある。徳永龍も退職後に養鶏を始めた。実は雪野建作も子どものころニワトリを飼っていた。雪野建作と徳永龍の二人には卯一太の鳥好きの血が脈々と流れている。

徳永龍は、農業の傍らタイとの交流の会事務局長、公民館支館長、まちづくり副委員長、世界各国の旅人を受け入れる農業研修（ウーフ）などボランティア活動、地域活動にも積極的に取り組んできた。

二〇〇六（平成十八）年ごろ、地元石貫の「まちづくり副委員長」の肩書きを引っ提げて上京した。そして、雪野建作に会って、当時空き家になっていた石貫の雪野家を「まちづくりの拠点・ナギノ交流館」として借用すべく交渉した。雪野はその申し出を快く了承し、交渉はまとまり、地域活動の拠点として活用されることになった。現在は、東日本大震災のとき、熊本に避難してきた家族の住宅として使われている。

「もし、あのとき警察に協力し建作さんのことを話していたら、建作さんに顔向けできなくて、東京の雪野家に行くこともなく、ナギノ交流館もなかったでしょうね」

徳永龍は笑いながら話した。そして、独り言のように漏らした。

「徳永家には〝謀叛《むほん》の血〟のようなものが、滔々《とうとう》と流れているような気がしてならないのですよ」

「縛り首」の恐怖

「父維一郎は若いころ、地主で村長の長男という立場にありながら、左翼運動に身を投じ、プロレタリア革命に理想を求めて官憲に捕縛された。留置場では『転向さえすればすぐにでも出してやる』と何度言われても、拷問に耐えて信念を曲げなかった。戦後は農地解放という外からの革命に翻弄された挙句、自己矛盾に陥ってアルコールに逃れた」

徳永龍の父維一郎は、当時石貫村長だった祖父右馬七、母シシの二男として、一九〇四（明治三十七）年九月に生まれた。長男鉄郎が夭逝したので、生まれたときから跡取りとして期待された。大逆事件が起こったのは、徳永維一郎が六歳のときだった。一九一一（明治四十四）年一月、松尾卯一太の死刑判決が徳永家に伝えられた時、家の中がざわめいて慌ただしかったことを子どもながら感じた。

そのとき維一郎の祖母が、「川島の卯一太は皇室に不敬を働いて死刑になった」という意味のことを子どもの維一郎に話したという。その中で祖母は、「卯一太は、縛り首になり、殺された」と言った。幼かった維一郎は「縛り首」という言葉からいろいろなことを想像して怖くておびえた。

それから数日後、維一郎が通う石貫小学校の校長が校庭に全校生徒を集めて、大逆事件の話をした。

「玉名郡は松尾のごとき大罪人を出した」

そのような校長の話を聞き、維一郎はその場に居たたまれない気持ちになり、教室に戻らず、そのまま家に帰った。

大逆事件について話すことは、徳永家ではタブーだった。松尾卯一太について、周りでどんなことが言われているかは徳永家には聞こえてこなかった。しかし、世間は松尾卯一太が罪人であると思っているらしいことは、子どもだった維一郎にも伝わってきた。

「自分の一門は恐ろしい罪の影を背負うて歩いている。だが、松尾は決してそんな悪いことはしていない、とそう思う。そう思いたかったのである」

維一郎は高学年になると、松尾卯一太を悪く言った校長を困らせるために、級友を誘って「同盟休校」（集団で授業をボイコット）を決行した。のちに、そのことについて玉名地域新聞『玉名民報』（一九五四年四月十五日号）に随筆「大逆事件①小学同盟休校」を書いている。

荒尾の宮崎民蔵の二男世民が通う小学校でも、校長が全生徒、職員を運動場に集めて、長い竹竿を地面に突き立てながら、怒ったような顔つきで訓示を垂れた。

「わが日本に、大逆事件という言語に絶する不祥事件が起こった。しかも遺憾至極なことは、わが熊本県からそのような不埒者《ふらちもの》が出たことだ」

宮崎家は、大逆事件の取り調べで家宅捜索を受けていたので、世民は校長の長い話を身もすくむ思いで聞いた。

文学青年だった父雪野精一

雪野建作の父精一と徳永維一郎は、石貫尋常小学校を卒業後、一九一七（大正六）年四月に熊本県立玉名中学校（現熊本県立玉名高校・附属中学校）に入学した。現在の玉名高校本館玄関を入るとすぐ右に歴史資料館の一室があり、高瀬高女卒業生の海達公子詩集や昭和二十七年第三回全国高校駅伝大会の優勝トロフィーなどが展示され、旧制玉名中開校からの歴史が写真や年表で紹介されている。

歴史資料室の収納棚には、旧制玉名中時代の校内誌『校友会雑誌』が積まれている。一九〇九（明治四十二）年七月に校友会が結成され、学芸部雑誌部員らによって同年十二月に第一号が発刊された。資料室には、翌一九一〇年十二月に発行された第二号（表紙は参号となっている）から、一九三八（昭和十三）年十二月発刊の第二十七号まで、欠号が数号あるがほとんど揃っている。

旧制玉名中創設の経緯をみると、日清戦争勝利を契機に全国的に教育熱が高まり、済々黌城北分校から独立し、一九〇一（明治三十四）年四月に鹿本郡に熊本県立鹿本中学が設立された。それに対抗して熊本県立玉名中学設置の気運が高まった。玉名の有力者に玉名中学設置のための寄付を募り、寄付金の合計は三千七百四十六円に上った。このときの寄付高額者の二番目に川島村の広瀬久門の名前が出ている。金額は百五十円だった。松尾卯一太の父松尾又彦も二十円寄付している。ちなみに一番は腹赤村の岡村喜満太で百七十五円だった。（『玉名高校七十年史』）

米一俵五円のころである。現在の米取引価格は一俵一万五千円ぐらいなので、それを基に換算すると広瀬久門は現在の金額では四十五万円、松尾又彦は六万円ほど寄付していることになる。広瀬家が玉名郡でも有数の大地主であり、教育や玉名の発展に理解があったことが分かる。松尾家も広瀬家には寄付の金額は及ばないものの玉名の発展に寄与していた。

一九〇三（明治三十六）年四月十九日、熊本中学校玉名分校が開校。その後一九〇六年四月一日、分校から晴れて独立校になり、熊本県立玉名中学校と改称された。

『校友会雑誌』第八号（大正八年二月発刊）には、雪野建作の父精一が第十一回構文大会に「嵐山」の演題で登壇していることが出ている。構文大会は、日露戦争のとき難攻不落の旅順を日本軍が陥落させたのを記念して一九〇五（明治三十八）年から始まった。弁論大会と文化講演会を合わせたようなものだった。このときは三十人の弁士が講堂の壇上で熱弁をふるった。
雪野精一は五年生のときには校友会文芸部委員を務めている。クラス代表として『校友会雑誌』に修学旅行の紀行文を寄稿するなど文学面で目立っていた。ところが、雪野は卒業が一年遅れた。雪野精一の長女純子によれば、「病気のため卒業は遅れたが、作文が得意だった父の論文が認められて逓信省に入った」という。校友会同号の柔道部記事に徳永維一郎が昇段審査で七級に受かったことが載っている。維一郎の弟春夫が著した『徳永家の歴史』（私家版）には、「維一郎は中学卒業後才能を持ちながら上級学校に入り得ず、胸を病んで挫折した」との記述があるが、維一郎は玉名中学で柔道七級に合格しているので、そのころは病弱ではなかったようだ。しかし、随意科目の柔道は一年でやめている。これには理由があった。
「一番柔道が弱かったのは笠智衆《りゅうちしゅう》と池田九州男と私だったので、非常に仲がよかった。ところが笠も池田も第一回機銃掃射で戦死したので、私はひとりぼっちになり、柔道をやめちまった」（『玉名民報』第八十九号）
「第一回機銃掃射」というのは「一課落第」のことで、当時の玉名中学は総合点で六十点以上（及第点）を取っても一課目でも四十点未満であれば落第させられた。維一郎の同級生で、後に映画俳優になる笠智衆は二年に進級できなかった一課落第組だった。二年になれば「二課落第」となり二課目四十点未満があれば落第、三年は「三課落第」となり三課目四十点未満があれば落第、このように上級生になるほど落第の危険は減るが、五年間無落第の無傷組はわずかに三十余人の有様だったという。維一郎の同級生には、ほかに宮崎民蔵の三男宮崎世龍、玉名市長五期十九年務めた橋本二郎がいるが、こちらは維一郎と共に無傷組だった。維一郎はすんなり卒業したが、卒業前に肺を侵されたため進学を断念した。

一九二二（大正十一）年三月、旧制玉名中を卒業した徳永維一郎は、病気のため一年留年した雪野精一と一緒にいつも家で本ばかり読んで過ごしていた。

維一郎の弟春夫によると、維一郎は卒業後に左翼運動に入ったようだ。

「当時のプチ・ブルジョアの若者の一般的な風潮であるが、いつしかマルクス主義に吸引されていった。いっぱしに共産主義の運動を始めたのである」

兄維一郎を批判する弟の春夫は、一九二一（大正十）年二月十八日生まれ。旧制玉名中学から旧制第五高文科入学、東京帝国大文学部に進んだ。卒業後、海軍兵学校に入校した。戦後、故郷石貫に帰り、県立玉名高の教諭になる。春夫は頭がよく、成績優秀だった。思想や性格は、兄維一郎とは全く違っていた。雪野建作によると、「維一郎伯父は、家ではいつも浴衣の着流しで、素浪人のようだった。春夫叔父は真面目で、考え方は右翼だった。左翼の雪野家では右翼の春夫叔父は煙たがられていた」という。

インテリ左翼活動家

大逆事件が起こった一九一〇（明治四十三）年から、「大正デモクラシー」と呼ばれる民主主義運動が大きな潮流となる一九一九（大正八）年まで、日本は「冬の時代」だった。それは大逆事件による社会主義者の粛清で、自由に自分の考えを話すことができなくなったためだった。社会主義者や共産主義者ばかりでなく、一般人はもちろん文化人、知識人らもすべての人たちが沈黙を保った。

一九一四（大正三）年七月二十八日に勃発した第一次世界大戦が終結し、パリ講和会議が始まったのは一九一九年一月十八日だった。会議では民族自決の原則も主張され、その影響から世界各地で民族運動や労働運動が起こり、日本でも労働争議が高まりを見せていた。小作争議も頻発し、一九二二（大正十一）年四月に日本農民組合が神戸で結成される。東京帝国大学の新人会、早稲田大学の民人同盟会・建設者同盟などの学生組織も発足する。一九二四年五月に熊本県郡築村（現八代市）で勃発した小作争議では、日本農民組合や水平社（一九二二年に結成された部落解放同盟の全国組織）、東大新人会などが連携し、郡築農民を支援した。

一九二二（大正十一）年七月十五日、堺利彦、山川均ら八人が日本共産党を結成した。日本の共産主義運動を加速させたのがロシア革命（一九一七年）だった。党結成の直接的な契機となったのは、ロシア共産党を中心とする共産主義者の世界党として一九一九年に発足したコミンテルン（第三インターナショナル）からの働きかけだった。コミンテルンが作成した綱領草案には君主制の廃止、男女普通選挙権の獲得などが盛り込まれていた。しかし私有財産制度を否定し君主（天皇）制廃止を掲げる主張は、共産主義では当然でも、大逆事件が起きた日本では触れてはいけないものだった。そのときの日本共産党の綱領案には天皇制の廃止には言及していないとされる。

翌一九二三（大正十二）年九月一日、関東大震災が起こった。この混乱のとき、「朝鮮人や共産主義者が井戸に毒を投げ込んだ」というデマが流れ、それを信じた自警団や官憲が多数の朝鮮人や共産主義者を虐殺した。政府は震災後の混乱に乗じて、緊急勅令を発令して、共産主義者を厳しく取り締まった。そのとき無政府主義者の大杉栄と伊藤野枝、甥橘宗一（六歳）の三人が甘粕正彦大尉の指示で憲兵隊によって首を絞められ古井戸に投げ込まれ殺害された。

一九二五（大正十四）年四月二十二日、本格的な治安立法の策定を急いでいた政府は普通選挙法と抱き合わせで治安維持法を公布した。治安維持法は、国体の変革や私有財産制度の否認を目的とする結社の組織、加入を処罰し十年以下の懲役または禁錮を科すものだった。主に共産主義者を対象にした。政府は共産主義者やそのシンパを弾圧したが、当時の若者や知識人は共産主義にひかれ日本共産党を支持する者が多かった。徳永維一郎もその一人だった。

維一郎が左翼運動に入った心理を、長男龍はこう解剖している。

「父がなぜ共産主義運動に身を投じたかは、私には理解不能だが、思うに、いみじくも庄屋の看板を掲げながら、左翼運動をするのでは、自己矛盾を免れない。父も迷いの中にいたと思う。だから農家でありながら、農作業はせず、政治運動をしたり随筆をしたためたり、自分を紛らしていたのではないか」

石貫の実家で療養していた維一郎は、体力が回復すると高瀬町の表具師大西喜代次のもとに弟子入りし表具づくりに熱中していた。手先が器用で物づくりが好きだったので、その延長の趣味のようなものだったのだろう。そのころ、師匠大西喜代次の長男孝が三年ぶりに東京から帰って来た。大西孝は、一九一〇（明治四十三）年十二月十二日、大西喜代次、シキの長男として玉名郡豊水町小島に生まれた。大逆事件が起こり、同郷の松尾卯一太が逮捕された年である。一九二七（昭和二）年、旧制玉名中学（現玉名高校）三年のとき、母親の行商を侮辱した同級生を血気盛んな大西孝は殴ってしまい、それがもとで中学を自主退学する。

その後、玉名郡梅林村出身の衆議院議員の大麻唯男を頼って上京し、書生として住み込み、昼間は東京日日新聞社で働きながら、夜間は日本大学専門部で学んだ。東京の大学に通いながらマスコミで働き、一九三〇（昭和五）年に帰郷した大西孝が、若きインテリで、マルクス主義者の維一郎に共鳴するのは時間の問題だった。その年、宮本春陽が設立した玉名新聞社の『玉名新聞』に維一郎と大西孝は揃って執筆するようになる。二人は全農全会派、コップ高瀬（日本プロレタリア文化連盟）に属し、そのなかで、城北文化協会を立ち上げ会員雑誌『文協』

を刊行した。高瀬陣場に一軒家を借りて、共産党員となり左翼文芸運動と共に電燈料値下げ運動や消費組合運動など左翼活動に熱中した。

その当時は労働者階級の立場で現実を描くプロレタリア文学運動の全盛期だった。コップの前身である全日本無産者階級（ナップ）の機関紙『戦旗』は発行部数二万五千部を超え、小林多喜二の『蟹工船』や徳永直の『太陽のない街』などが掲載された。

熊本共産党の大検挙

一九三一（昭和六）年九月十八日、関東軍参謀らが柳条湖の満鉄線路を爆破、これを口実に満州事変が始まる。当時の政府、若槻礼次郎内閣（第二次）は、労働運動や軍国主義反対運動をする活動家や共産主義者を厳しく弾圧した。特に熊本では、同年十一月の陸軍特別大演習と天皇の来熊を前に、社会主義者や共産主義者への捜査は厳しさを増していた。同年十月には熊本県特高課は急進分子百余人を一斉に検挙した。

特別高等警察（特高）は大逆事件後、東京の警察を皮切りに、すべての県に配置された。特高警察は弾圧の対象を共産党そのものから、コップなど大衆団体に拡大し、司法省も思想犯を専門に担当する思想検事を配置した。特高は取り調べに当たっては、凄惨な拷問を加えた。拷問は当時も違法だったが、特高の内部では容認されていた。小説家の小林多喜二も特高の拷問によって虐殺（一九三三年二月二十日）された。

一九三二（昭和七）年七月十三日、熊本において一斉検挙があり、維一郎は石貫の自宅で寝ていたところを警察官によって寝巻、はだしのまま連行された。そのときは数日で帰宅を許された。翌一九三三（昭和八）年二月十七日、熊本共産党の大検挙（二・一七事件）で共産党員を中心に約百四十人が一斉に検挙された。その時は同志の大西孝も一緒だった。治安維持法違反容疑で検挙された維一郎と大西は、強硬に転向を迫られた。拷問に耐えて、転向に抗した維一郎と大西の拘留は百八十日を超えた。村長だった維一郎の父右馬七は立場上警察には行けなかった。代わりに母シシが面会に行き、着替えなどを差し入れた。結局、維一郎は転向を条件に帰宅を許された。

その後、不起訴となったが、共産党員としての活動は禁止された。当時、団結を維持するために転向者（脱落者）に対する内部リンチはひどかった。帰宅後、維一郎はその脅威に悩み苦しみ、一時は神経衰弱的になりひどく弱ったときもあった。一九三六（昭和十一）年ごろから、父右馬七が組合長だった産業組合（現在ＪＡ）玉名郡連合会で事務員として初めて月給取りとして働くようになり、やがて理事に就く。一九四〇（昭和十五）年十月、維一郎は右馬七の村長辞職に伴いその後継者として、石貫村長に就任し、戦争中の難しい村長役をこなし、戦後の混乱を乗り切った。

しかし、戦後のＧＨＱ（連合国軍総司令部）の占領政策が維一郎の人生を大きく揺るがした。

公職追放令により維一郎はあらゆる公職に就けなくなった。さらに一九四六（昭和二十一）年の第二次農地改革によって地主はトドメを刺された。田畑のほとんどを失い、得米（地代）も途絶えた。自ら農業をする以外に生活の方法がなくなったのだが、維一郎は農業の経験がまったくなかったため、農作業を住み込みの婆やと近隣農家からの加勢に頼っていた。

『玉名民報』発刊

大西孝は二・二七事件の釈放後、維一郎の石貫の家で知り合った森りつと結婚。一九三五（昭和十）年に妻りつを伴って満州チチハルに渡り、満州国官吏消費組合会計課長として働いた。一九三九年には錦州の労工協会の総務課長になり、現地の労働者を軍に斡旋する業務を担当。一九四四年には蒙古政府北京弁事処にうつり、翌年八月の終戦のときは蒙古聯合自治政府主席のデムチュクドンロブを迎えるという大役を務めた。戦後、一九四六（昭和二十一）年四月、天津からアメリカの貨物船に乗り込み十数日かけて佐世保に引き揚げた。玉名市小島の実家に、妻りつ、長男顕正、長女顕子、二女顕代を連れて落ち着くと、闇商売を始めた。大酒飲みで豪放磊落《ごうほうらいらく》な大西がやった闇取り引きは、北海道から乳牛や豚を数十頭貨車で運び、石貫の農家で飼育したり、対馬から魚を満載した船を買い取るなどスケールの大きいものだった。

高瀬保田木（玉名市）に居を構えると、一九四九（昭和二十四）年、念願の左翼系新聞『新玉名』を発刊。翌年九月二十日、玉名地域新聞『玉名民報』を創刊した。当時の『玉名民報』は旬刊、タブロイド判だった。一九五〇年六月からはブランケット判になり、一九五四年七月からは週刊となった。そのころ映画館「大洋館」の二階を借り、有線放送TMRという映画や商業などの広告放送局を開業した。一九五四年には印刷局を置き、『玉名民報』の印刷のほかに学校新聞など一般印刷を行うようになった。一九五五年に社屋を現在の玉名市亀甲に移し、小山鬼骨が記者に加わった。寄稿者として徳永維一郎、田上昭雄、西田一馬ら多士済々が揃っていた。一九五九（昭和三十四）年九月三十日、大西孝は脳出血で死去、五十歳だった。『玉名民報』は大西が亡くなってからも三三五号（昭和三十四年十月二十七日付け）は妻の大西りつ、翌一九六〇年からは、同社の営業担当だった後藤信雄が引き継ぎ、一九六二（昭和三十七）年十二月、四二九号まで続いた。

戦後、公職追放で職を失った徳永維一郎の唯一の楽しみが『玉名民報』に随筆を書くことだった。維一郎は延々と百十篇を超える随筆を書いている。題材は身辺雑事、友人知人、農業、世相など多岐にわたり、松尾卯一太や大逆事件も出てくる。

徳永維一郎は息子の龍を自転車の荷台に乗せて、玉名民報をたびたび訪れた。

「子どものころ、父の自転車の荷台に乗せてもらい玉名民報社に行き、その帰りに高瀬駅に寄って汽車を見るのが一番楽しかった。今でもそのころのことを思い出す」

徳永龍は懐かしそうに振り返る。

1950年9月20日（水曜日）　玉名民報　（創刊号）

玉名民報

ノオ・モアー、ヒロシマ！
二度と、あのむごたらしい原爆の悲惨を繰返すまいぞ

上に軽く下に重い
地方税昨年の三倍
差押か首つりか

地方税の解説

住民税

吉田内閣よ健康なれ

創刊の言葉

祝　創刊

島山　　上土井學而　　坂本產婦人科医院　　大林病院　　仁田薬局　　島崎歯科医院　　河野　　松浦学　　小川利助　　上村栄　　松村秀文　　島岡

『玉名民報』創刊号（提供：玉名民報印刷）

母郁子の出奔

徳永維一郎には八歳下に妹の郁子がいた。雪野建作の母である。郁子は一九二九（昭和四）年三月、熊本県立高瀬高等女学校（高瀬高女）を卒業し研究科に進み、翌年三月には同研究科を修了した。卒業後は、生け花を玉名市岩崎原の教室に同級生三、四人と一緒に習いに行っていた。ところが父右馬七が郁子の外出に反対し箱入り娘にしたのはいいが、石貫処女会に入会させ、家の仕事ばかりか、肥桶を担いでの野菜づくりまでさせた。

郁子は息が詰まる家から出たいという思いもあり、保母養成所に行かせてほしいと懇願する。郁子が子ども好きなのを知っている母シシや姉、親戚はみんな賛成しても、右馬七だけは断固反対だった。

「娘のことに口出しはするな。私がよいようにする」

そう言い張り、一九三二（昭和七）年四月、右馬七は娘の郁子を離縁したうえ家から追い出した。郁子によれば、「父が私を離縁し一文もやらずに追い出すというのを、姉の関の嫁ぎ先島田家の力添えで百五十円だけもらって家を出た」という。

郁子の長女純子によると、「祖父右馬七は保守的な人でした。母は保育士になりたかった。しかし祖父は『良家の娘が賃金をもらうような仕事をするな』と反対した。そのため母のほうから右馬七お祖父さんに離縁してくれと頼んで家を出た、と母から聞きました」という。

郁子自ら家を出たのか、右馬七が家から追い出したのか、石貫の家を出た理由ははっきりしない。一九三二（昭和七）年四月十八日、郁子は東京に出奔《しゅっぽん》し、兄維一郎の親友雪野精一のところに身を寄せ、東京市役所に勤め始めた。

「そのとき父と母は恋愛関係にあったわけではなく、実家を飛び出した母は、東京に頼るところがなかったため、母の兄維一郎伯父さんの親友だった父精一が住んでいた家に寄寓していたらしい。父は結婚するまで、母とは何もなかったようなことを言っていた」

雪野建作は、父精一と母郁子のことを懐かしそうに話す。

一九三四（昭和九）年二月、雪野精一と徳永郁子は結婚した。当時、精一は逓信省に勤めていた。兄維一郎は妹郁子と親友雪野精一の結婚を後押しするため奔走した。母シシは賛成だったが、右馬七は二人の結婚に関知しないという態度を取っていた。

右馬七は長年にわたり石貫村の村長を務める傍ら、もう一つ政治好きの血を沸かせたのが自分の見込んだ若い政治家の選挙後援だった。当時の田舎の地主層によくみられた活動である。右馬七が見つけた適当な候補者が、梅林村安楽寺（現玉名市梅林）出身で五高を経て、東京大を卒業し、内務官僚になったばかりの大麻唯男だった。一九一四（大正三）年の総選挙で熊本県第三区（玉名郡）に政友本党から出馬し初当選したときから後々までずっと大麻を後援した。大麻は自分を担ぎ出し一貫して応援してくれる右馬七を大切にした。

郁子の母シシと兄維一郎は右馬七に内緒で、東京にいる大麻唯男に雪野精一と郁子の仲人を頼んだ。当時、民政党幹事長になっていた大麻だったら、右馬七も何も言わないだろうと密かに考えた計画だった。

一九三四（昭和九）年二月二十日、大麻唯男夫妻が仲人となり、自分の屋敷で三三九度の儀式を執り行い、大麻がいつも使っている料亭の狭い一室で形ばかりの披露宴を催した。披露宴には徳永家代表として徳永時雄、雪野家代表として多久の二人が出席した。徳永時雄は徳永五松（松尾卯一太の母津帆の弟）の娘婿で、歌人の柳原白蓮《びゃくれん》と縁があった。

その席で大麻は花嫁の郁子に向かって、「おてんばだ」と苦い顔で言ったという。

結婚式後、しばらくして大麻は右馬七宛てに書簡を送っている。

「郁子殿の事は、小生独断を以て、結婚式並びに披露宴とも決行仕り、誠に御申し訳なく候、さりながら御両人共ここに清新の気分を以て将来の運命を開拓すべく勇躍仕り居申候に就いては暫く御見逃し賜り度、この儀については不日拝顔の上事々申上度、偏に御容赦願上候」

郁子は、当時朝鮮にいた姉の島田関に結婚報告の手紙を出した。

「大麻代議士御夫妻の御晩酌で、とどこおりなく結婚の式をすませました。この結婚を契機と致しまして今までのことをすっかりあらため、堅実な家庭生活を築いていく覚悟でございます。石貫の御父上様の御勘気をお許し願えなかった事は、私どもとして非常に残念でございますが、これは私の孝行が足りないせいでございます。今後の生活を改めることに依りまして、御許しを願う考えでございます」

雪野精一は、石貫の義母シシからの手紙に返事を書いている。

「先達ての御手紙にお母様は私が郁子を救った様に書いて居られましたが、救われたのは郁子ではなくて実は私です。十八の年、母を失って以来、私は実にみじめでした。たった一人の友人である維一郎君をたよりとして生きてきました。今や尊敬し親愛する友人の妹を妻として、私は三国一の果報者のような気がします。御父上様の御機嫌でもなおったら、折を見て二人連れだって帰郷したいと楽しみに待っています」（昭和九年四月十六日付け）

しかし、右馬七が二人の勘当を許すのにはまだ時間を要した。

一九三六（昭和十一）年七月、郁子は結核を発病し、一年間の安静を必要とした。

「まともに働けたのは結婚後三年間だった。病気療養中は何もできなかった」と郁子はのちに述べている。夫精一はその間、郁子の看病や家の仕事など見事にこなし郁子を助けた。

長女純子は、「母が肋膜になったとき、父は母を大事にして、絶対自分の手で治すといって、お手伝いさんを雇って、家事は一切させなかった」と話す。

翌年、精一、郁子夫婦は埼玉から品川区大井金子町に引っ越した。

一九三八（昭和十三）年、郁子は七年ぶりに故郷に帰り、石貫の家で二カ月間養生した。右馬七はそれを黙認し、勘当が事実上やっと解かれた。

一九四一（昭和十六）年秋、雪野精一は逓信省から国際電信電話（現ＫＤＤ）にうつり、台湾に赴任した。まもなく郁子は妊娠したため、出産に備え実家の玉名石貫に里帰りした。

一九四二（昭和十七）年一月、長女純子が生まれ、すぐに台湾の精一に電報が打たれた。

「本日郁子分娩、大きな女の児生れる、母子とも至極元気なり、安心ありたし」（昭和十七年一月七日正午）

純子が当時のことを母郁子に聞いている。

「私は、石貫の徳永家二階の間で生まれました。そのときは両家の祖父、徳永右馬七と雪野利治とも大変な喜びようだったそうです」

すでに戦時下であったが、初子を待ちわびる台湾の精一のところに、四カ月後の五月四日に門司港から出発した。台湾では、雪野家は新竹州観音庄の社宅に住み、母となった郁子は空き地で野菜を作り、近くに住む台湾人とも親しくしていた。

一九四六（昭和二十一）年十二月末、終戦後の引揚船で佐世保に上陸し、翌年一月に東京に着いた。翌一九四七年四月末に渋谷区幡ヶ谷にあった会社独身寮に一家で住み込み管理人となる。この年十二月二十七日、雪野建作が生まれた。

幼いころの雪野建作はきかん坊だった。

「親に言われても、ハイ、ハイとすぐ聞くような子ではなく、自分の思い通りにならないと、いつまでも泣いて駄々をこねた。泣いても無駄だと分かっても、黙って泣き止むのは悔しいので、『泣くのはもうやめた』と大きな声で宣言してやめた」

雪野建作が小学校に入学する直前、父精一の元同僚が警報ヒューズを発明し、大東通信機という会社を立ち上げたため、父精一はそこの庶務部長におさまり、下目黒の社宅に一家で引っ越した。

社宅の南側に畑が広がっていた。そこの農家が養鶏をやっていたため、それを真似して建作と弟も社宅の壁に板を立てかけ金網で囲んだ一畳ほどのスペースでニワトリを飼い始めた。卵は貴重なタンパク源だった。弟が可愛がっていたニワトリが死んだとき、潰して食べることになり、弟は「絶対に嫌だ」と泣いて反対した。建作はそのとき食べた鳥ガラ出汁のウドンのおいしかったことを今も覚えている。

昭和34年ごろの雪野家。建作（上段右）、弟耕作、母郁子、弟雄作、父精一
（提供：小畠顕子氏）

第四章

松尾卯一太の青春

松尾卯一太

卯一太の妻静枝

「大逆の兵士」と「皇国の兵士」

松尾卯一太の家があったすぐ北側に「川島小学校跡」の白い標柱が立っている。川島小は一八七六（明治九）年一月に開校し、初代教師は熊本市から家族で引っ越してきた中川千前だった。千前は、熊本の勤王党の祖である林櫻園《おうえん》に学んだ国粋主義者で、明治政府の廃刀令（帯刀禁止令）に反対する敬神党（神風連）の上野堅吾や加屋霽堅《かやはるかた》らが親友だった。中川千前の長男文次郎も国粋主義者に育ち、十二歳のときに敬神党に入党した。

川島小が開校した年の十月二十四日深夜、政府の開明政策に反対し蜂起の機をうかがっていた敬神党が、廃刀令が発せられると激怒し神風連の乱を起こした。敬神党の百七十余人が熊本鎮台宅、熊本県令宅などを襲撃し、鎮台司令官種田政明、県令安岡良亮を刺殺した。安岡良亮は、幸徳秋水と同じく高知県中村市（旧幡多郡中村町）の出身で、秋水の母多治の祖父小野亮輔の姉の子にあたる。幸徳一族の中心だった安岡良亮の死は幸徳秋水のその後の人生に少なからず影響を与えた。

その後、敬神党は政府軍の熊本鎮台（熊本城内）を襲い、城内にいた兵士らを次々と殺害し砲兵営を制圧した。しかし翌朝、鎮台兵が反撃を開始し、首謀者の太田黒伴雄、加屋霽堅らは戦死した。指導者を失ったことで退却し、八十六人は金峰山頂で自刃し、残りは捕まり、翌二十五日に乱は鎮定された。

中川千前と文次郎親子は、二十五日になって敬神党が熊本城に斬りこんだことを知り、加屋宅に駆け付けたが、すでに神風連の乱は終わっていた。同志と共に戦えなかった悔しい思いをした文次郎は翌年、西南戦争が始まったときは直ちに〝肥後の西郷〟の異名を持つ池辺吉十郎隊長の熊本隊に加わった。文次郎は薩摩軍に味方し各地を転戦し、田原坂では政府軍陸軍卿《きょう》のころの山県有朋が命名した抜刀隊にも斬り込んだ。戦後、文次郎は政府軍に捕まったが、まだ十八歳だったため罪に問われなかった。

西南戦争から無事に帰還した文次郎は、父の後を継ぎ教師になり、一八八五（明治十八）年六月に父千前が川島小を退くと、文次郎がその代わりに同校教師になった。

翌一八八六（明治十九）年四月、松尾卯一太は川島尋常小に入学した。この年四月十日、第一次伊藤博文内閣文部大臣の森有礼による学校種別学校令が公布された。小学校令、中学校令、師範学校令、帝国大学令により、日本の教育制度が確定した。小学校は尋常小学校四年、高等小学校四年とした。卯一太は川島尋常小から高瀬町の玉名高等小に進んだ。夜は伊倉にあった岡松真守の私塾攻玉舎で論語の講義を受けた。攻玉舎から巣立った岡松真守の教え子は五百人にも及ぶという。

川島尋常小の教師となった中川文次郎は岡松真守の妹マルと結婚し、三男三女をもうける。長男は郷土史家の中川斎《いっき》、二男は画家の道之、三男は中川州男《くにお》大佐（のちに陸軍中将）である。

中川州男は太平洋戦争の中でもまれにみる激戦「ペリリューの戦い」を指揮した守備隊長として知られる。三日もあれば攻略できると楽観していたアメリカ海兵隊を相手に、七十四日間にわたり徹底抗戦し多大な損害を米軍に与えた。戦闘が長期化していく中、昭和天皇から御嘉賞を十一度贈られている。日本軍が死守するこの島を、米軍は〝天皇の島〟と呼んだという。一九四四（昭和十九）年十一月二十四日、中川州男大佐は、軍旗を奉焼し、玉砕を知らせる電報「サクラ　サクラ　サクラ」をパラオ地区集団司令部宛てにうち、地下壕内にて自決した。

中川家は松尾家の隣で親戚同様だった。その二人が共に天皇の名のもとに、松尾卯一太は天皇に弓をひいた「大逆の兵士」として縊《しば》られ、中川州男は天皇にお褒めを賜った「皇国の兵士」として切腹した。

済々黌退校

一八九三（明治二十六）年四月、玉名高等小を卒業した松尾卯一太は、九州学院普通部に入学した。一八九四年度、九州学院普通部は、九州学院から分離独立して、元の私立済々黌にかえり、熊本県尋常中学校済々黌と称し、私立でありながら県立同様の待遇を受けた。九州学院は私立専門学校になり、藪の内（熊本市中央区城東町、上林町、上通町一部）の校舎は済々黌に譲った。一八九五（明治二十八）年には、大江義塾の閉鎖以来、済々黌と対立してきた九州私学校（熊本英学校の後身）の編入試験を実施し生徒のほとんどを入学させた。

一八九七（明治三十）年二月八日、中学校令の改正があり、尋常中学校は中学校と改称し、済々黌も四月から熊本県中学済々黌（五年制）に改め、名実ともに県立校になった。翌年、第一済々黌として黒髪の新校舎に移る。定員は八百人だった。ちなみに第二済々黌は熊本県立中学と改称し、現在の県立熊本高校に変遷した。

九州学院普通部を経て熊本県尋常中学済々黌に入学した卯一太は、一八九九（明治三十二）年五月一日に熊本県中学済々黌を依願退校した。一八九三（明治二十六）年四月一日の入学だったので、六年一カ月間の在学だった。二学年のとき落第し、五学年のとき試験を受けずに留年している。

卯一太が済々黌を退学した理由ははっきりしないけれども、山下信哉の調査によると、「『勤惰』の評価は二年七六、三年六九、四年終了時には著しく低下し、『操練』も八二、八六から四学年では五九となり、何らかの事情の介在をうかがわせる点数となっている」（『石人』・「松尾卯一太とその周辺」）という。

卯一太は四年のとき遅刻や欠席が増え、得意だった操練もおそらく兵式体操などをさぼるようになり成績が下がった。急に成績が下がった科目から推測すると、卯一太は済々黌の軍隊式教育に反抗していたのではないだろうか。

卯一太は退学後、上京して東京専門学校（現早稲田大）に進んだ。その進路については九歳年長の従兄の徳永右馬七の影響が大きかったのではないか。それは右馬七の経歴や当時の状況からうかがえる。

右馬七は県立熊本中学から第五高等中に進んだが、同校を中退し、一八九二（明治二十五）年十一月に東京専門学校に入学した。どういう事情があったのか分からないけれども、当時日本唯一の大学だった帝国大学に進むエリートコースからはずれた。

一八九四（明治二十七）年七月、右馬七は東京専門学校文学全科を卒業した。卒業證書には講師坪内雄蔵（逍遥）、立花銑三郎、大西祝らの記名捺印がある。翌八月一日、日本は清国に宣戦布告し、日本中が戦争で浮かれていた。

東京専門学校を卒業した右馬七は玉名石貫に帰郷し、第五高等学校で嘱託教員として英語を教えた。その後、一八九六（明治二十九）年二月に右馬七は済々黌の英語教師となる。済々黌の教壇で英語を教えていたとき、卯一太は同黌の生徒だった。

ところが右馬七は、卯一太が済々黌を退学する一カ月前の一八九九（明治三十二）年三月三十一日に依願退職している。その理由は不明であるが、右馬七の二男春夫は、『徳永家の歴史』に、右馬七が済々黌を辞職した理由についてこう憶測している。

「右馬七は開明的な自由民権派の改進党が支援する県立熊本中学校で学んだのである。その心中に開明、自由の風がなかったであろうか。済々黌は保守的な国家主義の学風であり、その教師もその中で育った人が主流を占めている。両校は気風が違う。右馬七はそのような済々黌で他と調和的に行けたのであろうか。この一抹の疑念は筆者の憶測に過ぎず、杞憂かもしれない。それを窺うべき資料は何もない」

済々黌は、西南戦争で薩摩軍の熊本隊中隊長だった佐々友房が創立した同心学舎を源とし、一八八二（明治十五）年二月十一日、紀元節の日に私立済々黌として開校した。天皇主義、国家主義を建学の精神に掲げている。一方、徳富蘇峰が済々黌に対抗して、遅れること三十五日後の三月十九日に開いた大江義塾は、自由民権思想を教育する民権私塾だった。国権主義の済々黌と民権主義の大江義塾の生徒同士はことごとく反目し、喧嘩が絶えなかった。畑の中にあった大江義塾を済々黌の生徒たちが来襲して石や瓦を投げつけるようなことがしばしば起こった。

一八八六（明治十九）年九月十四日、大江義塾が閉塾し、徳富蘇峰一家が熊本を離れたとき、大江義塾の生徒らも大挙上京し、荒尾の宮崎滔天をはじめ十五人が東京専門学校（現早稲田大）に入学している。東京専門学校は、明治十四年の政変で下野した大隈重信が、その翌年に創立した私学で、国権主義の済々黌とは正反対の独立、自由、進取が早稲田スピリッツであり、自由主義の大江義塾の教育方針に近かった。

卯一太が済々黌を退校し東京専門学校に入学したのは、済々黌の気風が合わなかったのではないだろうか。卯一太にはそのころから自由を求める気持ちが強かったように思われる。

東京時代

一八九九（明治三十二）年、五月。

済々黌を退校し、上京した松尾卯一太は、労働運動や鉱毒問題運動などが活発になり、それに対する第二次山県有朋内閣の弾圧が厳しくなっていた時期に、その渦中にあった東京専門学校に通い、その後も短い期間ではあったが東京で新聞記者をしていた。済々黌で一緒だった新美卯一郎も東京専門学校に進み、卯一太の下宿に同居していた。

卯一太の数年後に入学した随筆家の生方敏郎は、当時の学生の新聞事情についてこう述べている。

「書生の読む新聞は、読売新聞、東京毎日新聞、国民新聞などで、それらに次いでは朝日と時事と日本新聞も読まれた。萬朝報はまだ赤新聞だった。日露戦争頃には模範新聞と言わるるまでに編集振りがしっかりしてきた。ハイカラという言葉などの始まりは多分萬朝報だと思う。萬朝報には幸徳秋水、内村鑑三、堺枯川（利彦）、その他青年の間に人気のある人々が入社し、後に黒岩涙香《るいこう》自身が小説以外にも人生問題を論ずるようになり、萬朝報は一個の精神的団体と化した」（『明治大正見聞史』）

当時、東京の新聞では『萬朝報』が学生に人気があり発行部数も多く勢いがあった。『萬朝報』は作家の黒岩涙香が一八九二（明治二十五）年に発行した新聞で、その名前は「よろず重宝」の洒落である。当初は黒岩涙香の小説と暴露記事が人気となり、急速に部数を伸ばした。その後、幸徳秋水、内村鑑三、堺利彦が入り、紙面が充実し自由平等思想と非戦論を掲げる特色ある新聞に変わっていった。

卯一太が東京で過ごした時期は、日本が日清戦争で勝利し、東アジアの強国となり、産業革命が急速に進んだ。その企業熱の高まりが、日本の社会に貧富や格差、さらには公害などさまざまな影響を及ぼした。

卯一太が上京した年の四月には、底辺社会ルポルタージュ作家横山源之助の『日本之下層社会』（教文館）が発行された。横山が『毎日新聞』に貧民窟訪探記事を書き始めたのは、日清戦争のさなか一八九四（明治二十七）年末からである。最初の記事は「戦争と地方労役者」だった。日清戦争が地方の下層労働者の生活にどのような影響を与えているかを、社会の底辺に潜入してルポしたものだった。

日本中が戦勝に狂喜するなか、横山は郷里富山県や栃木県、関西地方を回り、物価高に苦しみ困窮する庶民の暮らしを取材し、庶民の幸福や利益に反する戦争の意味を問う作品を生みだした。横山源之助の名前は労働運動史の中で忘れられているが、実は高野房太郎、片山潜にも劣らぬ日本の労働運動の先駆者だったようだ。

一八九七（明治三十）年十二月発行の労働組合期成会の機関紙『労働世界』に、横山は毎号寄稿している。労働組合期成会は同年四月、アメリカで労働問題を学んだ高野房太郎、片山潜、鈴木純一郎らによって「職工義友会」が結成され、七月に「労働組合期成会」と改称、これを母体として組合員千百八十人の鉄工組合が発足した。翌一八九八年には社会主義研究会もつくられ、徐々に労働運動が進展していた。この年には日本鉄道矯正会、翌一八九九年には活版工組合が組織された。

そのような日清戦争後の労働運動の高まりに対し、第二次山県有朋内閣は悪名高い治安警察法を制定し、生まれたばかりの労働組合をつぶしにかかった。治安警察法は教師や女性の政治活動への参加を禁止し、集会には警察の許可を必要とした。警官は集会に自由に乗り込んで、自分の判断で集会を解散させたり、演説をやめさせたりすることができた。労働組合をつくったり、ストライキや団体行動を扇動したりすると罰せられた。経営者の組合に対する圧力も強まり、解散する組合が相次いだ。

一九〇〇（明治三十三）年二月十三日、足尾鉱毒被害民一万二千人が利根川北岸の川俣で憲兵、警官隊と衝突し、無抵抗の農民が多数負傷し、主だった者が拘束され、兇徒嘯集《きょうとしゅうしゅう》罪で起訴された。同月十五日、田中正造が足尾鉱毒被害民弾圧に対して質問書「亡国に至るを知らざれば之れ即ち亡国の儀に付質問書」を提出し衆議院の演壇に立った。

「自分の大切な所の人民を、自分の手に掛け殺すというに当たってはもう極度で、これで国が滅びたといわないでどうするものでございます…人民を打ち殺すほどのことをするのならば、なぜ田中正造を拘引して調べないか」

しかし、これに対して、山県有朋総理大臣は一枚の答弁書「質問の旨趣、其要領を得ず、依りて答弁せず」を出して、答弁を拒否した。

政府が、資本家を保護して、渡良瀬川沿岸の農民らの抵抗を押さえつけ、谷中村を滅亡させた栃木県の足尾銅山の鉱毒問題は、日本で発生した産業公害の第一号だった。

翌一九〇一（明治三十四）年十二月十日、十年間議会に出て、操業停止と被害者救済を訴え続けてきた田中正造が、とうとう最後の手段として天皇に直訴し、日比谷で捕まった。そのときの上奏文を代筆したのが幸徳秋水である。しかし、政府はわざと田中正造を狂人扱いにして無罪放免にした。

帰郷と結婚

一九〇二（明治三十五）年、松尾卯一太は東京の生活に見切りをつけて故郷の玉名に帰った。卯一太を兄のように慕っていた中川斎によると、「済々黌を卒業した後東京に出て早稲田あたりに数年遊学していたが、堺枯川（利彦）や幸徳秋水らの思想に共鳴していつとなく社会主義に加担する人となった。彼は又一方には文芸をも楽しみて新聞等に小説など書いたこともあった。帰郷後、筆を執っていたのは石川五右衛門であった」という。

卯一太がどのような学生生活を送っていたか、新聞記者として何を書いたのか、それを知る手掛かりはないが、労働運動や公害反対運動が盛んだった東京に暮らしていたとき、次第に社会主義に傾倒していったようである。

卯一太は帰郷してすぐは家業のそうめん業を手伝いながら小説を書いて、東京の新聞社に寄稿していた。中川によると、帰郷した年の七月ごろ養鶏を始めたという。庭先で四、五羽を養うのではなく、大規模な養鶏業だった。

「愈々《いよいよ》学を廃し郷里川島に帰ったので何か事業を興さねばならぬが、彼は時局を洞察して養鶏の必を感じ大々的に養禽場を設けると共に養鶏雑誌をも発行した」（中川斎）

当時、中川斎は近くの大浜尋常小の准訓導（教員）を務めていた。父文次郎が伊倉小学校長から南関実業補修学校長に転任になったため、中川家は南関に転住することになった。しかし、中川斎は南関から勤務先の大浜尋常小には通えないため、親戚同様に親しかった松尾家に下宿することになった。

「時は明治三十五年の七月で松尾がやっと養鶏を始めた頃であった。是より余は六つ年上の松尾氏と兄弟の如く同家の座敷に机を並べて寝食を共にすることになった」

中川斎は熊本師範学校に入学する一九〇六（明治三十九）年三月まで松尾家に同居していた。

飛松與次郎の「豊水の宿り㈥」（九州新聞　大正十四年六月二十四日付け）にはこうある。

「松野（松尾）さんは元来養鶏が得意で養鶏業についていては深い研究と経験と多大の趣味を

もっている人である。久しく中絶していたが、今一度再興しようと思い、それにしては先ず名古屋、大阪、東京あたりの養鶏業をくわしく視察して新知識を得てから着手しようと思い暫く旅行することにした」

庭の北側に洋式の大規模な鶏舎を建て、雇人、知人らの手を借りていろいろな品種の五百羽を超える鶏を飼育し、種鶏、種卵、雛の生産・販売の一貫生産販売の大規模養鶏業経営に取り組んでいた。

元荒尾町長の余田末人《よでんすえと》は、松尾卯一太を訪ねたときのことを、こう回顧している。

「四十三年には幸徳の大逆事件あり。玉名郡豊水村松尾卯一太は其の関係者として死刑に処された。彼は二百俵位の小作米を取る地主にて宅は大資産家広瀬久門と路を隔てて居た。予も一度訪ねたことがある。米国種の養鶏をなして居た。人物は寡言にて体は小太り沈着の青年であった。荒尾村宮崎民蔵も米国帰りのホヤホヤにて地権平等を高唱して居たため、警察の注意が深く巡査の尾行などあった」(『余田末人回顧録』)

宮崎民蔵が警官に尾行されていたことに話が及んでいるので、余田が卯一太を訪ねたのは、民蔵が帰熊していた一九〇四(明治三十七)年夏のころだと推測される。

一九〇三(明治三十六)年春、卯一太は佐々木静枝(通称・本名は倭久)と結婚した。静枝は熊本県宇土郡宇土町の出身で、卯一太の済々黌の同級生佐々木常人の妹だった。

静枝が幼いころ、父親が朝鮮釜山病院長に就任したため、十六歳まで朝鮮で暮らした。十六歳の春、熊本市の尚絅女学校の編入試験に合格し三年級に入った。女学校のときから、美人で有名だった。女学校卒業と同時に松尾卯一太に嫁いだ。卯一太が二十三歳、静枝が十八歳のときだった。

静枝にはもう一人、正という兄がおり、『漢城新報』の編集委員をしていた。『漢城新報』は朝鮮の首都漢城で熊本の政治家安達謙蔵によって創刊された日朝二言語新聞で、読者の対象は朝鮮人と日本人の両方であった。一八九五（明治二十八）年二月十七日に発刊され、一九〇六（明治三十九）年七月三十一日まで発行された。創刊のとき日本外務省の機密費を得て、その後も補助金を受けていた。政府の機関紙的性格を持ち、社長の安達謙蔵をはじめ主筆の国友重章、編集長の小早川秀雄、編集委員の佐々木正は熊本国権党のメンバーだった。政府と一体化し日本の対韓国政策と密接にかかわり、その主要メンバーが閔妃《びんひ》殺害事件に加担した。卯一太がのちに発行する『熊本評論』とは主義主張が全く正反対の新聞だった。

一九〇四（明治三十七）年四月、卯一太は月刊『九州家禽雑誌』の制作、発行を始めた。雑誌発行届には、印刷は高瀬町の小篠活版所、発行人・編集人は川島の井本巽、印刷人は吉田勝蔵となっているが、執筆や編集は記者だった松尾卯一太がやっていたのだろう。アメリカから取り寄せた養鶏雑誌の記事も掲載されていたようだ。翻訳していたのは英語教師だった従兄の徳永右馬七だった。当時、右馬七は教師を辞めて玉名石貫に帰り、父廣平が隠居したため家督を継いでいた。

飛松によると、「結婚後、自宅で『九州家禽雑誌』という小雑誌を発行して養鶏を盛んにやっていたのでその名を九州は勿論、大阪、名古屋、東京あたりの同業者間にも知られた。九州各地の鶏品評会には審査委員としてときどき招聘《しょうへい》されていた」（「熊本の梁山泊㈢」九州新聞大正十四年九月一日付け）という。

同雑誌は実物が見つからないので、内容、体裁などは不明である。「第二十八回熊本県統計書」（明治四十一年十二月編纂、明治四十二年熊本県刊）に記載されている発行部数は、明治三十九年九百二十八部、明治四十年二万九千三百六十部。明治四十年末に廃刊。

一九〇四（明治三十七）年九月に生まれた長男には養鶏に情熱を燃やす卯一太によって奚司郎と命名された。翌年十一月には二男同太郎が誕生した。

松尾卯一太は、美しい妻と二人の子どもに恵まれ、養鶏業と雑誌発行という好きなことを仕事にして、なに不自由なく順調満帆な人生を送っているように見えた。

熊本の社会主義運動

一九〇三（明治三十六）年、八月十五日。

松尾卯一太が静枝と結婚した年の中秋、社会主義協会の四国九州遊説の一行、片山潜、西川光二郎、松崎源吉、吉野省三が社会主義演説会を開催するために熊本入りした。それは熊本で初めて開催される社会主義演説会だった。そのころ日本とロシアの対立は厳しさを増し緊張が高まっていた。『萬朝報』を除くすべての諸新聞が熱狂的な開戦熱に国民を駆り立てて、主戦論で沸き返っていた。

片山ら一行は、熊本に入る前の十三日に視察のために大牟田（福岡県）の三池炭鉱を訪れた。炭坑事務所で十銭を払って「縦覧切符」を買って、宮浦坑、七浦坑、宮原坑の三坑を巡った。当時の三池鉱山の坑口にはほかに万田坑、勝立坑、大浦坑などがあった。

片山は、このときの視察をもとに「炭坑夫の虐待」を『社会主義』（明治三十六年九月）に書いている。

「三井の三池炭鉱にては毎日平均二人半強の死亡者ありという。是れ親しくその炭坑に働きし而も信用ある人の言なり、昨年の如き一万余の中より八百人余の坑夫は死亡せりという。亦以って驚愕すべきにあらずや」

「三池炭鉱には大牟田監獄の罪人を使役する故に其の影響として残余の労働賃金は非常に安く、彼等自由坑夫の生活の下等にして憐れなる言語に絶したり」

「炭坑は生き地獄なり。繊弱なる女児も老婦も乳飲子を帯携する母親も皆夫と共に数百数千尺の地中に昼夜の別なく十二の労働を為せり」

片山は、坑夫らから聞き取り、囚人労働問題を取り上げ、三井三池炭鉱における劣悪な労働条件を詳しく報告した。

片山の糾弾が影響したのだろう。翌年、熊本における最初の労働者のストライキが万田坑で起こった。坑夫らは賃金値上げ、検炭所の前引きの改正、設備改善などを会社にそれまで請願していたが、まったく取り上げられなかった。そのため坑夫らは話し合ってストライキを決行した。会社側による個別説得ではストライキは崩れなかったが、解雇と二日以内の納屋撤去通告の強硬策の前に結束は乱れストライキは失敗した。要求は通らず、首謀者六人が解雇された。

三池炭坑の視察を終えた片山ら一行が八月十五日、熊本に着いてみると予定していた会場の劇場東雲座が一方的に使用を断ってきた。朝日座、敷島座、忘吾会舎にも相次いで断られ、会場が決まらなかった。警察の干渉と新市街問題をめぐる市会議員の反対によるものだった。熊本での演説会を断念して、次の予定地長崎に向かうことを協議しているところに、草場町教会の高橋牧師が三年坂教会を会場に確保してくれた。

その夜、三年坂教会で開かれた演説会は開会のあいさつが終わらないうちに、警官が治安警察法第八条を理由に解散を命じた。翌十六日夜、会場を草場町教会に移した。しかし、事前に届け出を受け付けていながら、警察は開会直前に中止を言い渡した。集まった聴衆は激しく抗議した。

熊本における演説会は、四国九州遊説中、官憲の干渉のため最悪の事態となったが、熊本の社会主義運動の前進の契機となった。熊本市の有志によって社会主義協会の支部が設立されることとなり、牧田忠義、志賀連《むらじ》が委員に選出された。志賀連はのちに松尾卯一太が刊行する

『熊本評論』の社友となる。しかし、志賀は卯一太を裏切り、大逆事件に巻き込まれる原因をつくった。

自由平等の思想

そのころ東京では、戸水寛人、富井政章ら帝国大学教授が、「帝大七博士意見書」と呼ばれる対露強硬意見を政府に建白した。『萬朝報』以外の新聞は、ロシアとの戦争を煽るような記事を載せ始めた。そのうちロシアと戦うことが日本の将来につながるという「主戦論」が新聞の論調の主流となる。政府も対露外交の手段が尽き果て戦争の準備を進めていた。

いよいよ開戦必至の状況となり、非戦論を展開していた『萬朝報』への世論の圧迫が激しいものとなり、売上部数も激減した。そのような圧力に屈し、非戦論の最後の砦であった『萬朝報』が突如として主戦論に転じた。そのため一九〇三（明治三十六）年十月十日、非戦論者の幸徳秋水と堺利彦は「退社の辞」を発表して萬朝報社を退社した。のちに内村鑑三もそれに加わった。同月二十七日、幸徳秋水と堺利彦の二人は平民社を創立。東京市麹町区有楽町に二階家を借り、一階に秋水たちが住み込み、二階に平民社の事務所が入った。

同年十一月十五日に発刊された週刊『平民新聞』創刊号はタブロイド判十二ページだった。第一面トップにはフランス革命と同じ「自由、平等、博愛」の平民社宣言が掲げられた。発行日は毎週日曜日だった。世の中は開戦を望む声が多く、非戦論を唱える新聞が広く受け入れられるか不安が大きかったが、予想に反して大きな話題となり、売れ行きも非常によかった。創刊号は五千部印刷されたが、すぐに売り切れたため増刷されたほどだった。

三カ月後の翌一九〇四（明治三十七）年二月十日、日露戦争の火蓋が切られた。新聞、雑誌は勝利の記事を華々しく書き立て、戦争による国家繁栄を支持し読者の愛国心を煽った。

平民社だけは、開戦後も非戦論を訴え続け、社会主義研究会や講演会を開き遊説旅行、伝道行商に出かけ、社会主義の普及に精力的に取り組んでいた。

戦争中も、週刊『平民新聞』は「トルストイ翁の日露戦争論」やマルクス、エンゲルスの「共産党宣言」を掲載するなど果敢に社会主義運動を続け、その影響は全国各地にまで及び、その社会主義思想は若者を中心に広がっていった。卯一太も養鶏業を営む傍ら、週刊『平民新聞』を読み、社会主義を熱心に研究していた。

松尾家に下宿していた中川斎は、そのころの卯一太についてこう述べている。

「我らの身辺には平民新聞（堺枯川主筆）を始め同主義に関する新刊書は細大洩らさず集まって赤色図書館の観があった。所謂主義者等の出入りも頻繁となってきた。其の多くは数日来宿するので余は彼らと又床を並べて談笑を聞きつつ眠りに入るのが常であった。書信には枯川（堺利彦）、秋水、西川（光二郎）等の名も見受けた」

そのころ、卯一太が口癖のように言っていたのは、「天皇陛下が社会主義になんなはるならほんによいが」だったという。それを聞いている中川斎は、「松尾卯一太は、君を無視した革命思想家ではない」と強調している。

そのころ宮崎滔天の兄宮崎民蔵も松尾家を訪れ、泊まることもあった。

「(一九〇四年)夏のことであった。髭武者の堂々たる主義者が尋ねてきた。生まれは荒尾だが今は東京に住んでいる一種の主義者で民権主義論等の著書もある思想界の大物の一人だ。若き時には仏蘭西にも留学したこともあり現時し支那革命派の顧問で一時郷里に帰っている人だ。名を家人に聞くと宮崎民蔵といって滔天の兄に当たる人だという。当時滔天の名著である『三十三年の夢』が出版されていたので宮崎家の家筋も兄弟の人物も大体承知していた」(中川斎)

民蔵は、「天下の土地をあまねく全人民に再分配すべし」という土地均享論の主唱者だった。一九〇二(明治三十五)年四月六日、東京神田のキリスト教青年会館で土地復権同志会を結成した民蔵は、土地復権主義を広めるために名士の個別訪問をしていた。しかし、日露戦争が起こり、同志会の運動ができなくなったため荒尾にいったん帰っていた。

熊本の民権運動の源流ともいえる植木中学の創設者は、民蔵、滔天の兄宮崎八郎であり、同校の教典は、中江兆民が訳したルソー著『民約論』である。宮崎民蔵と幸徳秋水は、二人とも〝東洋のルソー〟と称される中江兆民の門下生でもあり、この二人の影響を受けた松尾卯一太がルソーの自由、平等、博愛の思想を持つのは自然の流れだった。

幸徳秋水の米国亡命

第四次伊藤博文内閣のあと、元老会議の議を経て、山県有朋の直系桂太郎がその第一次内閣を組織した。桂内閣は、日露戦争に対する『平民新聞』の非戦運動を厳しく弾圧した。

最初の弾圧は開戦の翌月、一九〇四（明治三十七）年三月、秋水が書いた「嗚呼増税！」（週刊『平民新聞』第二十号）に対してだった。発売禁止となり、発行兼編集人の堺利彦は禁錮二カ月の刑罰を受けた。それから相次ぐ発行禁止、印刷機没収、発行人や編集人の逮捕、罰金や投獄によって経営が悪化し、発行が困難になった。

同年七月、週刊『平民新聞』（第三十七号）に平民社の経営危機の実情と寄付金募集の広告記事「平民社維持の方策」が掲載されたとき、いち早く応じたのは熊本の松尾卯一太だった。

その後も、発行禁止や投獄など政府による弾圧が続き、週刊『平民新聞』は一九〇五（明治三十八）年一月二十九日第六十四号をもって終刊となった。マルクス、エンゲルスらの『新ライン新聞』の終刊にならって全紙面を赤刷りにした。そして、翌月五日、白柳秀湖、加藤時次郎ら直行団の機関紙『直言』を後継紙とした。

幸徳秋水は、石川三四郎が執筆した「小学教師に告ぐ」（週刊『平民新聞』第五十二号）の筆禍事件で、一九〇五（明治三十八）年二月二十八日に巣鴨監獄に収容された。獄中の秋水は、エンゲルス『フォイエルバッハ論』、クロポトキン『田園・工場・仕事場』、ヘッケル『宇宙の謎』などを何度も読み返した。同年七月に出獄したときは無政府主義（アナーキズム）の思想を強めていた。

日本は日露戦争の開戦のときから、先制攻撃を行って戦況が有利なときに講和に持ち込む算段だった。戦力的にはロシアが日本を上回っていることは明らかだった。目論見通り、開戦当初は勝ち続けたが、一九〇五年三月の奉天会戦において、日本軍は講和を有利に進めるために総力戦に打って出たが決着がつかず、武器や弾薬の補給が途絶えてしまった。しかしながら、五月の日本海海戦で奇跡的に勝利し、日本にとって有利に講和を進める絶好の機会となった。日本は戦争の期間を一年に想定していたのだが、戦争が終わったのは一年半後だった。三十七万人以上の死傷者が出るほど苦しい戦いにもかかわらず、政府は不都合な情報は一切秘密にした。

ルーズベルト米大統領に、講和の斡旋を頼んだのは日本のほうからだった。圧倒的にロシアに勝利したという政府に、国民も新聞社もだまされていた。日本が圧倒的に有利という軍の情報を真に受けた新聞が、講和の条件として「莫大な賠償金、領土として樺太と沿海州全部」など書き立てた。その報道を信じた国民は喜び期待した。

一九〇五（明治三十八）年九月五日、日露講和条約の調印が行われた。結局、ロシアは満州および朝鮮からは撤兵し、日本に樺太の南部を割譲するものの、戦争賠償金には一切応じないという、日本にとっては非常に厳しい条件で講和が結ばれた。日本は、満州南部の鉄道及び領地の租借権、大韓帝国に対する排他的指導権などを獲得したものの、軍事費として投じてきた約十八億円を埋め合わせるための戦争賠償金は一円も獲得することができなかった。

そのため、屈辱講話条約反対を叫ぶ市民が日比谷公園に三万人集まり「日比谷焼き打ち事件」が起こった。日比谷公園を出た群衆は二手に分かれ、一群は国民新聞社へ向かい、もう一群は新富座の演説会へ向かった。桂内閣の御用新聞と呼ばれていた、徳富蘇峰の『国民新聞』は講話条約締結に賛成していたため、市民の怒りを買っていた。興奮した群衆は社屋に向けて激しい投石を行い、屋根によじ登って、社名が書かれた看板を投げ落とし火が放たれた。

同年九月六日夜、東京各地で暴動が起っているなか、政府は戒厳令を敷き、新聞雑誌取締令を緊急発令した。民衆の暴動を扇動するような記事を載せた新聞は発行停止処分となった。翌七日には、『萬朝報』、『都』、『二六』の三紙が発行停止となった。続いて八日には、『日本』、『人民新聞』、翌九日には『東京朝日』が発行停止となる。

そして、九月十日には週刊『平民新聞』の後継紙『直言』も第三十二号で無期発行禁止という厳しい処分を受け廃刊となった。平民社に対する警察の取り締まりが強化され、尾行をつけ、スパイを潜入させるなどあらゆる手段を使って、平民社に関係する社会主義者の活動を妨害した。いつ再刊できるか見通しの立たないことへのいらだち、財政難などに加え、同志間の意見が対立し、一九〇五年十月九日に平民社は解散した。

その後、クリスチャンの石川三四郎、木下尚江、安部磯雄らの『新紀元』、労働運動に熱心な西川光二郎、山口孤剣らの『光』が創刊された。『直言』の後継紙として、幸徳秋水と由分社を興して平民社の出版を引き継いだ堺利彦が、外部から『光』を応援することになった。

一九〇五（明治三十八）年十一月四日、幸徳秋水は海外の社会主義運動の視察と入獄で悪化した病気の療養も兼ねてアメリカに渡ることを決心し、横浜から伊予丸に乗り込んだ。そのころのアメリカは、ＡＦＬ（アメリカ労働総同盟）が大きく発展し、すでに労働組合が確固たる地歩を築いていた。それに反対する労働者や移民も少なくなく、その勢力の一部を結集してＩＷＷ（世界産業労働組合）が結成されたばかりだった。

サンフランシスコでは平民社桑港支部の岡繁樹、夫人敏子らに迎えられ、アメリカに亡命していたロシア人アナキスト（無政府主義者）のフリッチ夫人やアルバート・ジョンソンらを紹介された。アメリカは自由な雰囲気に包まれており、弾圧の厳しい日本を離れた秋水は、ロシアやドイツなど世界の革命家らから刺激を受けた。

翌一九〇六（明治三十九）年四月十八日にはサンフランシスコ地震に遭遇し、その復興としての市民による自助努力に無政府共産制の状態を見る。その後、秋水は同年六月二十三日に帰国した。

直接行動派と議会政策派

幸徳秋水の渡米中に、日本では政変が起こっていた。一九〇五（明治三十八）年十二月二十一日、桂太郎内閣が倒れ、翌年一月七日、第一次西園寺公望《さいおんじきんもち》内閣が誕生した。二月には、「本党は国法の範囲内に於いて社会主義を主張」する日本社会党の結成が合法的に認められた。西園寺政権の誕生により社会主義者への弾圧が緩められたとき、幸徳秋水は、無政府主義的労働組合の傾向を強めて帰国した。幸徳秋水の帰国第一声は、一九〇六（明治三十九）年六月二十八日、新しく結成された日本社会党主催による神田錦輝館の演説会だった。「世界革命運動の潮流」と題して、労働者階級の議会依存を否定し、「今や露国の革命的同盟罷工は、仏国革命の十八世紀末におけるがごとく、西欧諸国の惰眠を攪破したり」と、政治的ゼネラル・ストライキの重要性を説いた。この演説に大杉栄や荒畑寒村ら若い社会主義者は熱狂し、結成したばかりの日本社会党が直接行動派（硬派）と議会政策派（軟派）に分かれるきっかけとなった。

翌一九〇七（明治四十）年、新しく発刊された日刊『平民新聞』第十六号で、直接行動論を提唱する「予が思想の変化（普通選挙）について」を発表し、「かの普通選挙や議会政策では、真個の社会的革命を成し遂げることはとうていできぬ。社会主義の目的を達するには、一に団結せる労働者の直接行動によるほかはない」と運動方針の革命的転換を求めて、日本社会党大会にのぞんだ。

一九〇七（明治四十）年二月十七日、日本社会党第二回大会が、錦輝館で開かれ、地方支部の代表者ら六十数人の党員が参加した。来賓のなかには徳冨蘆花やのちに大逆事件で処刑される奥宮健之の姿もあった。このとき直接行動派と議会政策派の対立がはっきり表面化した。

幸徳秋水、堺利彦、山川均、大杉栄、荒畑寒村ら直接行動派に対する議会政策派を代表したのは、熊本県飽託郡中緑村（現熊本市）出身の田添鉄二である。ほかに片山潜、西川光二郎らがいた。「宣言及び決議」の審議にあたって、堺利彦の提出した評議員案をめぐって幸徳秋水と田添鉄二との間に論争が起こった。

秋水は十数日前に起こった足尾銅山暴動事件を例に挙げ、直接行動の社会に与える影響力の大きさと有利性を訴え、「革命の運動か、議会の政策か。多数労働者の団結を先にすべきか、選挙場裡の勝利を目的となすべきか」と二者択一を迫った。

同年二月四日、足尾銅山で坑夫と経営側の古河鉱業との間で衝突が起こり、坑内見張り所が壊された。暴動は五、六日と続き、九百人以上の坑夫がときの声を上げて、本部の事務所を襲い、ダイナマイトで建物を壊した。劣悪な労働条件や賃金に不満を抱いた抗夫たちが労働組合を組織し、古河鉱業に待遇改善を要求したが、会社側が拒絶したためついに不満を爆発させたものだった。古河鉱業は警察隊の出動を要請した。それでも暴動は収まらず、どんどん過激になり数日間続いた。もうどうすることもできないと知った知事の要請を受けた政府は軍隊を出動してやっと鎮圧した。この事件は、近代日本における初の大規模な労働争議で、社会に大きな衝撃を与えた。

秋水はこのときの直接行動が社会に与えた影響を評価し、田中正造の長年の議会活動を引き合いに出して、こう切り出した。

「田中正造翁は最も尊敬すべき人格である。然るにこの田中正造翁が二十年間議会において叫んだ結果はどれだけの反響があったか…あの古河の足尾銅山に指一本さすことができなかったではないか。然して足尾の労働者は三日間にあれだけのことをやった。のみならず一般の権力階級を戦慄せしめたではないか。暴動は悪い、然しながら議会二十年の声よりも三日の運動の効力があったことを認めなければならぬ」

秋水の演説は、「眼は電光を放ち舌は火炎を吐き」と堺が表現したように、「普通選挙を以て有力なる運動方法」と主張する田添の演説を圧倒した。採決は、田添が二票、秋水が二十三票、評議員案二十八票だった。多数決で評議員案が採決され、対立の危機は避けられた。

秋水は僅かの票差で敗れたが、秋水の演説の影響を受けて、党則第一条の「本党は国法の範囲内に於いて社会主義を主張する」という規定を「本党は社会主義の実行を目的とする」と改定した。それによって、西園寺内閣は硬化し、秋水の演説を載せた二月十九日の『平民新聞』を発禁処分にし、二十二日には治安警察法で日本社会党を結社禁止にした。

その後、日本社会党は、直接行動派と議会政策派の硬軟両派に分かれ、感情的に対立し抗争を続けた。両派の対立はどんどんエスカレートしていき機関紙発行などの活動も別々になっていった。

日刊『平民新聞』が、一九〇七（明治四十）年四月十四日第七十五号で廃刊になったあと、同年六月に宮武外骨、森近運平を中心に『大阪平民新聞』が大阪で発刊された。それが十一月から『日本平民新聞』と改題され、直接行動派は専らこれに寄稿していた。しかし、同紙も翌一九〇八年五月五日に廃刊になり、それ以降、全国の直接行動派、急進的な社会主義者が意見を発表できるのは、『熊本評論』だけになった。

秋水と論争した田添鉄二は議会政策派の中心人物として活動したが、一九〇七（明治四十）年末に喀血が続き病状が悪化した。貧困のため医者にかかることもできず、翌一九〇八年三月十九日に自宅で亡くなった。三十三歳だった。田添は若くして亡くなったため、名前を知る人は少ないが、熊本出身の明治期の有力な社会主義思想家である。

一八七五（明治八）年七月二十四日、熊本県飽託郡中緑村（現熊本市）に、士族田添太郎彦の長男として生まれ、小学校は近くの緑川小学校に通った。その後、熊本高等小学校から熊本英学校に進んだ。熊本では、保守国粋派の国権党が県議会で多数を占め、自由民権派の改進党がこれと対立していた。国権党系の人たちは皇室中心主義を掲げる済々黌を支持し、改進党系の人たちは熊本洋学校の流れをくみ民権派の教育機関だった大江義塾の系譜を引く、自由の気風に富む熊本英学校に子弟を入れる傾向があった。

田添は熊本英学校在学中にキリスト教を信仰するようになり、一八九三（明治二十六）年春、長崎の鎮西学院に入学。同校は、当時の九州で最高教育を授けるキリスト教系の学校として有名だった。一八九八（明治三十一）年に同校を卒業し渡米する。アメリカでは初めはベーカー大学に入ったが思っていたものとは違っていたため、シカゴ大学に入り直し社会学を勉強した。コック、皿洗いなどで学資を稼ぐ苦学生だった。帰国後は新聞記者になった。

一九〇四（明治三十七）年三月に長崎の鎮西新報社を辞めて上京すると、小石川久堅町（現文京区小石川）に私塾を開き、画家の妻カウ（幸枝）と夫婦で英語、絵画を教えるようになる。このころから平民社とつながりができ社会主義運動にかかわっていく。田添鉄二が平民社の社会主義運動に参加するようになったのは一九〇四（明治三十七）年九月ごろだった。同年十月一日、『経済進化論』が平民文庫から出版され、社会主義大演説会にたびたび出演した。

伝道行商の熊本入り

社会主義伝道行商の小田頼造が下関から九州に入ったのは、一九〇五（明治三十八）年四月三日だった。前年十月に小田と山口孤剣の二人は、社会主義の本や雑誌を積んだ赤い箱車を曳いて、東京を出発し二人の故郷の下関まで、行く先々で演説会を開き社会主義を宣伝しながら踏破した。小田は下関で山口と別れて、さらに九州を一周した。そのころ日本中が旅順総攻撃に沸き立ち、旅順陥落の勝利に酔っていた。そうした状況の中で出発から刑事、憲兵に尾行され干渉され、行商や演説会を妨害されたが、各地の同志と交流しながら、社会主義を広めて回った。

四月二十四日、「社会主義書籍」と大書した赤い箱車を曳いた小田が熊本に入った。小田は最初に玉名郡荒尾村（現荒尾市）の宮崎民蔵宅を訪ねた。しかし民蔵が不在だったため、予定を変更して、『平民新聞』の読者である玉名郡長洲町の松隈勇に会った。昼間は松隈も一緒に伝道行商で長洲町を回り、夜は松隈宅で小集会を開いた。社会主義の講話に二十人ほどが集まり、なかには若い女性もいた。築山村でも高田市郎宅で集会を開き、このときも十数人が参加している。玉名の高瀬町では、松尾卯一太が伝道行商に同行し、豊水村の吉田勝蔵、奥村一馬ら同志たちに声を掛けて、夜は談話会を開いた。そのとき、農民を中心に四十人が集まった。

小田は卯一太らに見送られ、玉名を出て熊本県央、八代、水俣から鹿児島、宮崎を経て大分に向かった。大分中津に到着した小田を松尾卯一太は迎えに出向き、小田の長旅の疲れを癒すために、刑事の尾行付きで耶馬渓で遊んだ。そのとき小田が腸カタルで倒れたため、卯一太が看病した。

「苦しい中にも松尾君が親切に看護して下さったので僕はどれ程嬉しく有難かったか知れな

い。…嗚呼友愛の美、人情の花、僕は松尾君の温情好意に深謝する」(「九州伝道行商日記」・『直伝』一九〇五年七月)

小田の「九州伝道行商日記」は、廃刊となった『平民新聞』の後継紙『直言』に連載され読者に好評だったため、「熊本の社会主義者松尾卯一太」の名は全国の読者に知られることになった。

機関紙発行を決心

松尾卯一太が東京から玉名に帰り、養鶏業と社会主義運動に熱中していたころ、東京時代を共に過ごした新美卯一郎は新聞記者をしていた。新美は卯一太と同じ一八七九(明治十二)年の卯年に熊本県託麻郡大江村(現熊本市中央区大江)で水車業を営む父十五郎、母トナの長男(五男二女)として生まれた。済々黌を中途退学し、東京専門学校で学んでいたが、一九〇〇(明治三十三)年の白川水害で実家が流されたため熊本に帰った。その後、新聞記者となり、長崎の鎮西日報社に勤めた。『鎮西日報』の主筆田添鉄二、編集長上田桔梗は共に熊本県の出身だった。上田がすぐに退社したため、新美が編集を担当し、社説欄では主筆田添鉄二が精力的に論評を執筆した。ところが一九〇三(明治三十六)年十二月、鎮西日報社は編集局、庶務など社員の大更迭を実施した。このとき新美は退社し、長崎を去って熊本に帰り、熊本毎日新聞社に入社した。田添もまた翌年三月に「経済進化論」の原稿を携えて上京した。

一九〇四（明治三十七）年一月、熊本毎日新聞社の記者になった新美卯一郎は、入社早々一面トップに連載「県下有志諸君に与う」を書いた。しかし、入社一カ月にして日露戦争開戦を前に補充兵として対馬要塞に従軍した。翌一九〇五年秋に復員し、十月に熊本毎日新聞社に復職した。新美は次席記者として健筆をふるったが、同社は日露戦争による戦地特派員などの経費増、発行部数減少などのため経営難に陥っていた。給料の遅欠配で社員百余人の生活も不安定だった。

そのようなとき、新美が玉名の松尾を訪ねた。そのとき、松尾は新美にある提案をした。その場面を、一九二五（大正十四）年五月十日に秋田刑務所から出獄し、十五年ぶりに帰郷した飛松與次郎が『九州新聞』（大正十四年九月一日、「熊本の梁山泊」㈢）に書いている。

日露戦争が終局《おわ》ると共に、新美は熊本に帰り毎日新聞記者をやって居たが、四十年に同社が倒れて失業の身になって仕舞った。一日飄然と松尾を玉名郡豊水村の宅に訪ふて、四方山の談話の末に、松尾は、

「まあ、小さくても一つ新聞を発行してみようじゃないか」（松尾）

「よかろう。君が資本金さえ出せば、新聞の編集発行の責任は僕が負おう」（新美）

「然し君と僕は主義が違うね、そこはどうしたもんか」（松尾）

「そらあ先ず…はじめは単に自由を標榜して出してみようじゃないか」（新美）
「ウン…それでは題号は何としたものか」（松尾）
「熊本評論としてはどうだ」（新美）
「それもよかろう」（松尾）
こんな談話があったのは、四十年の秋風の身にしむ頃であった。その後のとやかくの事情に遮られ、発行の実を見るに得なかったが翌年三月十日を以て、やっと第一号を発行した。

新美が玉名の松尾家を訪れ、話し合いがまとまり、自由を標榜する『熊本評論』を刊行することになった。二人の主義が違うというのは、松尾は社会主義者だったが、新美はそうではなかったようだ。のちに、新美は宮崎民蔵の影響を受けて、土地復権同志会のメンバーとなるが、宮崎民蔵によると土地復権主義は社会主義や共産主義とは違うという。

飛松與次郎が松尾や新美と親しくなるのは『熊本評論』発刊後のことで、のちに飛松が玉名の松尾家に同居していたときに『熊本評論』発刊のいきさつなどを聞いたのであろう。飛松の松尾卯一太や熊本評論社に関する記事は、恩赦で出獄し十五年ぶりに帰郷して執筆したため、記憶違いと思われるところが所々見られる。近代史研究家の上田穣一も『熊本社会運動史研究』の中で、「飛松の文章には事実と異なる箇所が多いので注意深い検討が必要である」と指摘している。ここに書いてある「翌年三月十日を以て、やっと第一号を発行」とあるのは後継紙『平民評論』の発行日と勘違いしたのだろう。

新美が卯一太を訪ねてきたのは、一九〇六（明治三十九）年一月二十日とみられる。卯一太の妻静枝の同年一月二十日の日誌に、「在宿中川文次郎参り新美卯一郎参り新美ハ泊ル中川ハ寺ノ様参リ泊ル」（『大逆事件記録』）と書かれている。

玉名川島の家を訪ねて来た新美と卯一太が話し合い、『熊本評論』を出すことを決めた日に、中川斎の父文次郎が松尾家を訪ねて来たのは、松尾家に下宿している息子の斎に卯一太の社会主義思想が災いするのではないかと心配する妙光寺住職にお礼と説明に行くためだった。

卯一太の社会主義への傾倒ぶりが近所で噂になっていたころ、一九〇六（明治三十九）年九月五日、卯一太の母津帆が亡くなった。近代史研究家の宮本謙吾によると、松尾家を知っている人たちは口を揃えて、「あのお母さんが生きておられたら卯一太さんはあんなになられなかっただろう」と言っていたという。母津帆が亡くなった後、松尾卯一太は、『熊本評論』刊行に向けて精力的に動き出した。

『熊本評論』の関連図

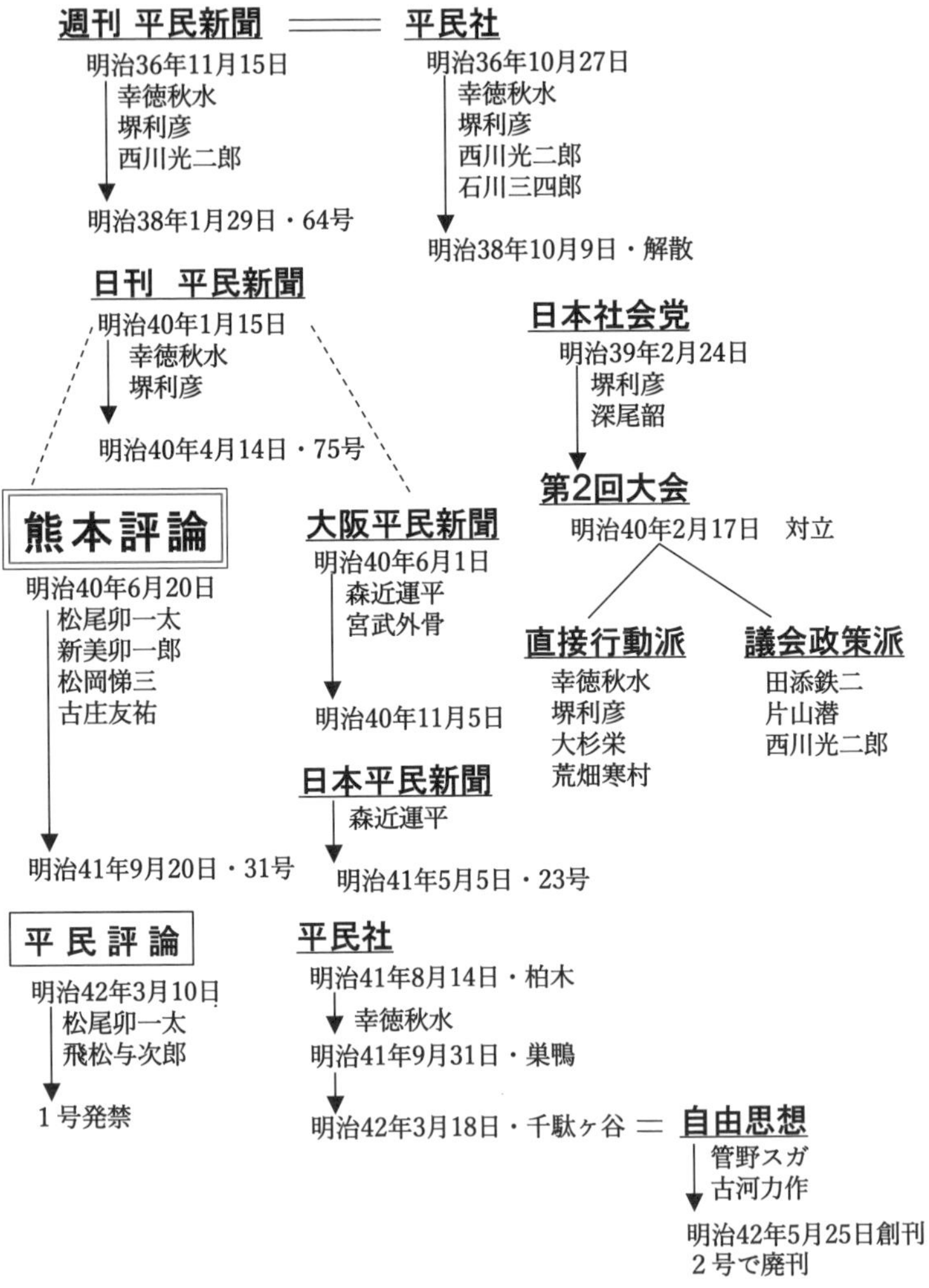
週刊 平民新聞
明治36年11月15日
幸徳秋水
堺利彦
西川光二郎
明治38年1月29日・64号
平民社
明治36年10月27日
幸徳秋水
堺利彦
西川光二郎
石川三四郎
明治38年10月9日・解散
日刊 平民新聞
明治40年1月15日
幸徳秋水
堺利彦
明治40年4月14日・75号
日本社会党
明治39年2月24日
堺利彦
深尾韶
第2回大会
明治40年2月17日 対立
直接行動派
幸徳秋水
堺利彦
大杉栄
荒畑寒村
議会政策派
田添鉄二
片山潜
西川光二郎
熊本評論
明治40年6月20日
松尾卯一太
新美卯一郎
松岡悌三
古庄友祐
明治41年9月20日・31号
大阪平民新聞
明治40年6月1日
森近運平
宮武外骨
明治40年11月5日
日本平民新聞
森近運平
明治41年5月5日・23号
平民評論
明治42年3月10日
松尾卯一太
飛松与次郎
1号発禁
平民社
明治41年8月14日・柏木
幸徳秋水
明治41年9月31日・巣鴨
明治42年3月18日・千駄ヶ谷
自由思想
管野スガ
古河力作
明治42年5月25日創刊
2号で廃刊

第五章

女性革命兵士の愛と闘争

連合赤軍の成立概念図

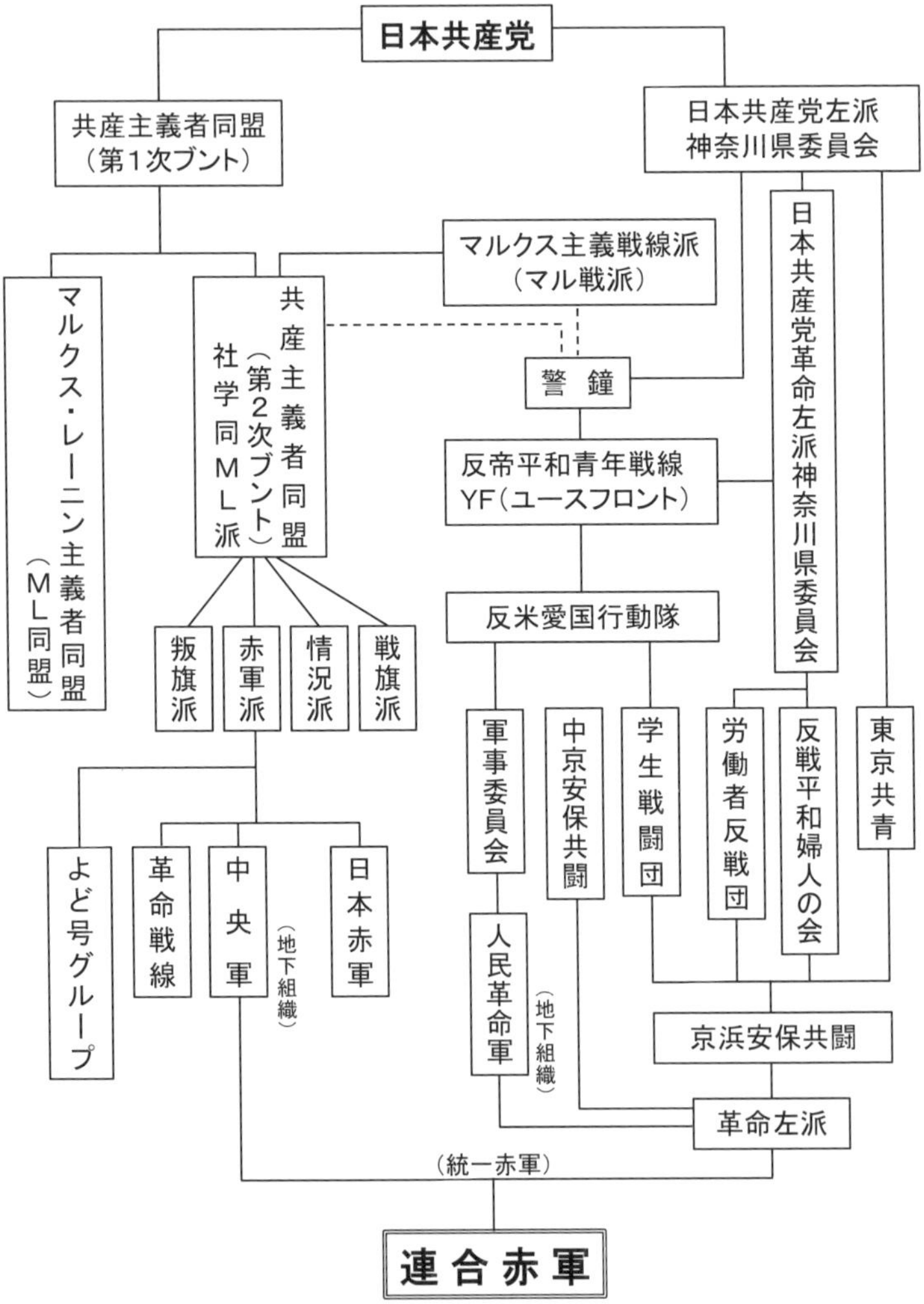

日本共産党
共産主義者同盟（第1次ブント）
日本共産党左派神奈川県委員会
マルクス主義戦線派（マル戦派）
日本共産党革命左派神奈川県委員会
マルクス・レーニン主義者同盟（ML同盟）
共産主義者同盟（第2次ブント）
社学同ML派
警鐘
反帝平和青年戦線 YF（ユースフロント）
反米愛国行動隊
叛旗派
赤軍派
情況派
戦旗派
軍事委員会
中京安保共闘
学生戦闘団
労働者反戦団
反戦平和婦人の会
東京共青
よど号グループ
革命戦線
中央軍
（地下組織）
日本赤軍
人民革命軍
（地下組織）
京浜安保共闘
革命左派
（統一赤軍）
連合赤軍

羽田空港突入闘争

一九六九（昭和四十四）年、八月二十四日。

東京品川の産業文化会館で開かれた反米愛国行動隊主催の反戦集会で、指導者の川島豪は革命左派を一気に有名にするべく、九月に予定されていた愛知揆一外相のアメリカ、ソ連訪問を阻止する計画をぶち上げた。しかし、この無謀な作戦には反対の声が上がった。その先頭は翌一九七〇（昭和四十五）年十二月に交番襲撃事件で逮捕されることになる渡辺正則だった。

ざわつく会場に渡辺の声が響いた。

「発足間もない小さな組織が、こんな大きな闘争をしたらガタガタになってしまう」

それを聞いていた川島が立ち上がりスタスタと壇上に向かい、アジ演説を始めた。

「どこの派も佐藤首相の訪米阻止闘争に備えて、組織を温存し、この闘争を本気で闘おうとしていない。我々は組織温存主義や待機主義を断固として打ち破っていかなければならない。反米愛国路線に確信を持つべきである。組織は潰れても路線は残る！」

このアジ演説は、強硬に反対する渡辺ら学生を一瞬のうちに黙らせた。

同年九月四日、武力闘争を強引に進めるリーダー川島豪の命令で、革命左派は愛知揆一外相訪米訪ソ阻止闘争を起こした。決死隊員が募られ、川島の東京水産大の後輩で、川島の崇拝者でもある坂口弘が隊長に指名された。雪野が仲間に引き入れた横浜国大の寺岡恒一、吉野雅邦をはじめとする九人が志願した。そのうち四人は十代の少年だった。投獄を覚悟した九人の決死隊員が決まった。雪野は京浜安保共闘のまとめ役の任務が優先され、決死隊のメンバーには入っていない。事前の調査により陸路での羽田空港侵入は難しく、海から滑走路に上陸することになり、泳げない寺岡らは決死隊を後方支援する大使館攻撃組と平和島組に回った。

九月三日夜、坂口弘を隊長とする吉野雅邦ら五人の決死隊は泳いで滑走路近くに着き、ガソリンと空きビンで火炎ビンを作って夜を明かした。翌朝、滑走路に侵入し、愛知外相が乗る特別機に向かって火炎ビンを投げながら、「反米愛国」と大書した旗を振りながら突撃した。火炎ビンを投げ尽くすと決死隊の五人はスクラムを組み「インターナショナル」を歌った。警官に逮捕され、愛知外相の乗った飛行機は予定より三十分ほど遅れて離陸した。

厳重な警戒の虚をついて、海から空港に侵入した予想外な行動をしたことで、ほかの新左翼グループから注目されるようになった。さらに、この模様はテレビニュースでも流され、革命左派は一気に過激新左翼組織として有名になった。

この川島の独断ともいえる空港突入闘争が革命左派、そして全メンバーの運命を一変させ、過酷な方向へと突き進む闘争になろうとは、このとき雪野建作は思ってもいなかった。

「自白」（大槻節子の日記㈠）

大槻節子は雪野建作と同じ横浜国大の学生で学年は一つ上だった。学芸学部の名称変更闘争の洗礼を受け、ＹＦ（反帝平和青年戦線）に加入した。労働運動家だった父親が高校生のとき自殺したため、病身の母親を助け、横浜国大に入学してからもアルバイトを幾つもかけもちした苦学生だった。左翼運動の中でも地道なＹＦに加入したのも学生運動より労働運動をやりたかったからだった。

羽田空港突入闘争のとき、恋人の渡辺正則らと共に、空港近くの平和島の高速道路に火炎ビンを投げるように川島に命じられた。ところが陸橋の下に隠れているとき警官隊に見つかった。そのとき逃げ遅れた大槻が捕まり、火炎ビンを持っていたため逮捕された。

初めて逮捕された大槻は大森署で尋問を受けた。そのとき、母子家庭に育った彼女に、肉親のように人情味豊かに接する担当の刑事に心を開き、取り調べに応じた。その刑事が示した人情味は自白を引き出すためではなく本心だったと大槻は信じていた。

雪野は、「逮捕から処分保留で釈放される間の体験が、大槻節子に深い傷跡を残した」と話す。日記には、大槻が担当刑事を父親や兄のように慕っていたことが記されている。その刑事とのいきさつが彼女をさらに深く打ちのめした。大槻の供述によって、事後逮捕者や指名手配者が相次いだ。その中には恋人の渡辺正則もいた。大槻はそのため自責の念に苦しむ。幹部からは「仲間を権力に売った」と批判された。

大槻が逮捕された仲間の裁判を傍聴に行ったとき、はじめて自分の供述が証拠とされていることを知り、深い衝撃を受ける。その刑事も警察組織の一員だったことを思い知らされた大槻は、「ちくしょう！　ちくしょう！」と叫んでいたという。そのうえ渡辺の保釈出所後も二人を会わせないという組織が下した処分が彼女をさいなむ。

そのころの日記にはこう記されている、

十一月九日（一九六九年）

昨日、Kitaro（恋人の渡辺正則の愛称）が帰ってきた夢を見ました。早く早く帰ってくることを待っています。おそらく決別を迫られるかもしれませんが。私はKitaroとSentodan（学生戦闘団）を権力に売り渡しました。あやまってすむ問題ではなく悔悟してすむ問題ではない。ここに、私にはもはや、その資格はなくなり、それ故にKitaroになお一層寄ることとは許されなくなっているのです。

十二月二十七日

昨日判決。執行猶予四年。息苦しい日だった。

今日より、別れる。奇妙なことかもしれぬ。でも恐らく当然。
※渡辺正則に対する判決はこのまま確定し、組織の指示により渡辺と会うことを禁じられた。

十二月二十八日
正直に言って、淋しい。奇妙なほど淋しい。でもあまりに問われている事由がはっきりしている。でも一切を抜きにして淋しくてたまらない。彼の胸に身を寄せたい。彼の手を通して彼のあたたかさを感じたい。淋しい、淋しい、淋しい。
何故なのか、問題ははっきりしているのに、「生き方」を抜きにした人間の存在などなく、人間の関係もないのに。
でも淋しい。大声で言う、淋しい。

大槻は、一九六九（昭和四十四）年九月末、平和島逮捕から二十日間拘留され取り調べを受け、起訴猶予で釈放されたあと実家に戻った。永田洋子が会いに行ったとき、「活動をやめることにしました。このことは、母と約束したことです。母は、私にとって大切な人であり、この約束を破るつもりはありません」と宣言した。その後、永田は、彼女を組織に引き戻すために、自白の制裁で会わせないことにしていた恋人の渡辺正則に説得に行かせた。大槻は渡辺の説得を受け入れ、一九七〇（昭和四十五）年二月に革命左派に復帰した。

『優しさをください』表紙

金子みちよと吉野雅邦
（提供：雪野建作氏）

「選択」(金子みちよの純愛㈠)

一九六九(昭和四十四)年、十月十八日。

霞が関の東京地方裁判所において、羽田空港突入事件の拘置理由開示と異議申し立ての公判が開かれた。証言台に上がった坂口弘は、ずっと独房に入れられていること、接見が厳しく制限されていること、など不当な法運用により被告の人権を奪っていると大声で訴えた。

続いて吉野雅邦は、「このブルジョア裁判はペテンであって認められない！　この場は獄内で闘う者と獄外で闘う者との連携の場である」と証言台でアジ演説した。傍聴席から、「異議なし！」の怒号と裁判長へのやじる声で騒然となった。裁判長の「退廷、退廷」の悲鳴のような金切り声が響き、ほとんどの傍聴者が退廷処分となった。

ほかのセクトでは逮捕者が出た場合、党派の救援対策(救対)部門が、弁護士や面会、差し入れなどをするのが通例だが、結成したばかりの革命左派には救対部門はなかった。そのとき救対を買って出たのが、革命左派とは直接関係がなかった金子みちよだった。彼女は恋人であり横浜国大の同級生吉野雅邦だけを救対するはずだったのだが、結局革命左派のすべての逮捕者の救対に奔走することになる。

金子みちよと大槻節子は仲が良く、「救対の友」とお互いを呼んでいた。雪野によれば、大槻は「小柄で、いきいきした人」、「丸顔で目がクリッとして可愛らしい顔立ち」という。金子みちよは、可愛いタイプの大槻とは対照的な、「色白で長身、スラリとした都会的な女性」だった。金子みちよは鎌倉時代から続く旧家に生まれ三人きょうだいの末っ子だった。

金子みちよの恋人吉野雅邦は一九四八（昭和二十三）年三月、裕福な家庭の二男として生まれた。父は東大法学部卒で大企業の重役だった。吉野は東大受験に失敗して一浪したのち、一九六七（昭和四十二）年に横浜国立大に入学した。サークルの混声合唱団に入部した。新入生歓迎コンパに参加し、同じ新入生の金子みちよに一目ぼれする。一九六七（昭和四十二）年夏、混声合唱団のキャンプが群馬県の野反湖畔で行われた。吉野はこのとき片思いの金子に告白したが返事はなかった。しかし、キャンプから帰った後、金子から彼の家に突然電話があり、二人はデートをするようになった。

しかし、夏休みが明けると状況は一変した。

ベトナム戦争への反戦運動の気運が高まり、学生運動が徐々にエスカレートしていた。ベトナム戦争で利益を得る企業に批判の目が向けられた。父の勤める会社を「死の商人」となじる言葉に、吉野は自分の存在が足下から崩れた。それまで誇りだった三菱地所重役の父を嫌悪するようになり、「恵まれていることの居心地の悪さ」を感じた。自分を偽善者、「許しがたい出自の人間」だと責めた。そんなとき、吉野は社会主義革命の思想に出合い、デモに参加するようになった。金子みちよも吉野を心配して行動を共にすることが増えていった。

同年十月八日、京都大の山崎博昭が死亡した第一次羽田闘争に吉野も中核派のシンパとして参加した。その闘争で、吉野は山崎からほんの五メートル離れたところで機動隊の警棒で頭を殴られて重傷を負った。それからの吉野はデモでは先頭に立ち、機動隊に飛び込み、負傷するか逮捕された。吉野が佐世保闘争に行ったとき、金子は現地に駆け付け無茶をする吉野を必死に止めた。それでも吉野は佐世保闘争に参加したあと中核派に入り、三里塚で逮捕された。吉野の無謀ともいえる行動を心配する金子も、情緒不安定で激しく揺れ動いていた。

一九六九（昭和四十四）年七月中旬、金子みちよの反対を押し切って、吉野は革命左派の下部組織の青年共産同盟（青共）に加入した。吉野が革命左派にひかれたのは、甘やかされた立場の学生ではなく、労働者が中心の労働運動を重視していたことが大きかった。

その後、吉野と金子の二人は、東急目蒲線矢口渡駅近くに六畳一間のアパートを借りて同棲し、吉野は革命左派の坂口弘の指示で、蒲田のネジ工場の工員として働き始めた。しかし、その生活は長くは続かなかった。坂口から、愛知外相訪ソ訪米に抗議する羽田空港突入闘争を行う決死隊に誘われた。この闘争に加わるかどうかをめぐって、吉野と金子みちよは大ゲンカをした。

「私と闘争とどっちが大切なの」

選択を迫る金子みちよに吉野はこう答えた。

「愛と闘争というものは、どっちを選ぶというものではないと思う。もし将来、革命のために君を犠牲にしなければならないような事態に直面したら、僕は革命のほうを選ぶ」
金子は、そう言われても吉野を信じてついて行った。そのことが、のちに何をもたらすのか、そのときの金子みちよと吉野雅邦の二人にとって想像すらできないことだった。

ブントの分裂

連合赤軍は、イデオロギーも歴史も全く異なった革命左派と赤軍派の二つの組織が合体した極左グループである。革命左派は思想的には毛沢東主義が強く、反アメリカ的で、「反米愛国」というまるで右翼のようなスローガンを掲げていた。しかし雰囲気は和やかで大衆的だった。女性が多く、男女平等の意識が強かった。

一方、赤軍派は世界革命戦争を掲げていた。上下関係に厳しい体育会気質があり、男尊女卑の気風があった。議長の塩見孝也は、中学時代には柔道部で、応援団長もやる硬派だったし、森恒夫も高校では剣道部の主将だった。田宮高麿は下駄ばきと詩吟をトレードマークとするバンカラ。重信房子は、戦前に血盟団事件という右翼青年将校のクーデター未遂事件に関与した父を持ち、右翼革命家の血筋とロマンチシズムを受け継いでいた。

赤軍派は革命左派と同時期に、ブント（共産主義者同盟）内の党派闘争から誕生した。一九六八（昭和四十三）年、関西ブントは塩見の指導のもとに、ブント内の赤軍という軍の結成に動いていた。戦闘化、武装化を進めて海外の闘争とも共闘し、世界同時革命を目指していこうというものだった。塩見の独自の理論「過渡期世界論」がメンバーに大きな影響を与え、赤軍派の思想と行動のバックボーンになった。軍の結成と世界革命のイメージがチェ・ゲバラやフィデル・カストロ、毛沢東のような革命家、ゲリラ戦士の人物像に結び付き一部の学生にとっては魅力的に見えた。

一九六九（昭和四十四）年一月中旬、東大安田講堂攻防戦が激しくなるなか、ブントも全国から二百人の籠城隊を組織するが、戦術をめぐりブント指導部と現場を占拠していた全共闘と行動を共にしていた社学同（ブントの学生組織）部隊が対立する。仏徳二《さらぎ》議長、松本礼二副議長らが、安田講堂撤収を指示したが、指導部以外の社学同部隊は残った。

同年一月十八日午前七時、機動隊約八千五百人が東大本郷校内に入り、安田講堂に立てこもる全共闘系学生の実力排除を開始した。機動隊は放水とガス銃で攻撃、全共闘側は投石や火炎ビンで抵抗した。翌十九日午後五時四十五分、安田講堂屋上で最後まで抵抗した学生らが逮捕され、ついに攻防戦は終了した。

逮捕された学生は六百三十一人だった。そのうち社学同部隊が三分の一を占めていた。ところが、逮捕された学生の中に東大生が少なかったので世間は唖然とした。東大全共闘の主要メンバーは機動隊が突入する前に脱出していた。最後まで残った東大生は八十人ほどだったという。代わりに捕まったのは全国から集まって立てこもっていた他の大学の学生たちだった。このとき逮捕された学生の中には起訴され有罪となり、その後の人生を棒に振ってしまった人がたくさんいた。

安田講堂攻防戦後、関西ブント赤軍派と関東ブント主流派との対立は決定的になった。同年四月中旬、赤軍派は、独自の機関紙『赤軍』を発行する。六月、ブント政治局員だった塩見らが「抜刀隊による首相官邸占拠」、「自衛隊・米軍出動による世界革命戦争論」(前段階武装蜂起論)で、党内の誰彼なくオルグし始め、仏議長ら政治局員や東京の学生指導部との間で分派党争に突入した。

そして、ついに同年七月六日夜、赤軍派約百人が角材などで武装し、ブント主流派がいた明大和泉校舎を襲撃し、仏議長らに激しいリンチを加えた。この乱闘のとき、のちに連合赤軍の指導者となる森恒夫は敵前逃亡し、そのまま赤軍派とも連絡を絶った。

「赤軍派」旗揚げ

一九六九(昭和四十四)年九月四日、奇しくも革命左派が羽田空港闘争で滑走路に侵入し飛行機に向けて火炎ビンを投げ華々しくデビューした日、赤軍派の重信房子が予約を入れていた葛飾公会堂では赤軍派の結成大会が開かれていた。午後六時、東京都葛飾区の葛飾公会堂に白地に「赤軍」と書いた赤ヘル二百五十人が結集した。窓という窓には黒い幕が降ろされ、登壇するメンバーの顔はいずれも黒いストッキングで覆い隠されていた。議長は塩見孝也（京大）、軍事委員長は田宮高麿（大阪市立大）、のちにハイジャックで北朝鮮に渡る小西隆行（東大）、田中義三（明治大）や、アラブに渡り日本赤軍を名乗った重信房子（明治大）、花園紀男（早稲田大）らが参加した。

一方、翌五日には、日比谷野音で開催された全国共闘結成大会に百七十八大学の全共闘、八党派、約二万六千人が集結した。議長に山本義隆（東大全共闘議長）、副議長に秋田明大（日大全共闘議長）が選ばれた。「七〇年安保粉砕、沖縄闘争勝利」のスローガンを採択。全国闘争共闘は新しい闘争主体になるかと期待されたが、実際的な組織としては機能しなかった。集会に赤軍派が隊列を組んで登場し注目を浴びた。

赤軍派は、大阪阪南交番を襲撃した「大阪戦争」、警視庁本富士署を襲撃した「東京戦争」を企てたが、どちらも火炎ビンを投げ込んだだけだった。警察権力への直接攻撃と武器奪取を狙ったものだった。田宮は「チャチな闘争でしかなかった」と総括した。

一九六九（昭和四十四）年十月二十一日、日本労働組合総評議会（総評）が米国軍のベトナム戦争介入に反対する全国政治ストライキ「ベトナム反戦統一スト」を実施し、それと同時に全世界の反戦運動団体に呼び掛けた。新左翼各セクトは大規模な街頭闘争を計画、東京、新宿を中心に各地で機動隊と衝突した。逮捕者は千五百人を超えた。

革命左派は横田基地にダイナマイトを仕掛けたが爆発しなかった。のちに永田や坂口は、川島がメンバーの度胸試しに不発にセットしたものを用意したのではないかと疑った。赤軍派は新宿駅襲撃や中野坂上でのパトカー襲撃で、煙草の缶入りピースの空き缶にダイナマイトとパチンコの玉を詰めたピース缶爆弾を使った。学生運動はどんどん過激になっていた。

十一月五日、首相官邸への武装突入に向け赤軍派中央軍の軍事訓練が山梨県の大菩薩峠で行われた。赤軍派兵士がワンゲル部と称して合宿していた「福ちゃん荘」に、約百人の公安警察と約三百人の機動隊が踏み込み五十三人全員が逮捕された。

大菩薩峠で大打撃を受けた赤軍派は翌一九七〇（昭和四十五）年一月の集会で、世界同時革命の国際根拠地を築くことを宣言した。弾圧の強い国内での武装蜂起を一時あきらめ、世界各地の武装闘争組織やキューバなどに働きかけ根拠地をつくるという計画だった。国際根拠地として選んだのはキューバだった。飛行機を乗っ取って、キューバに飛ぶ作戦だった。キューバのゲバラ、カストロは、赤軍派のメンバーが影響を受けた、憧れの革命家だった。しかし、キューバへの直行便がなかったため、目的地を北朝鮮に変更し、最終的にはキューバを目指すことにした。

「よど号」ハイジャック

ハイジャック決行を決めた赤軍派は日本刀を手に入れ、鉄パイプ爆弾、モデルガンなどの武器を用意した。ところが一九七〇（昭和四十五）年三月十五日、赤軍派最高指導者の塩見孝也が逮捕された。ハイジャックを中止して組織を再編すべきという意見も出されたが、北朝鮮で軍事訓練を受けて帰国するという前提で、田宮高麿が決行に踏み切った。

同年三月三十一日午前七時二十五分、福岡行き日航351便ボーイング727型機「よど号」が羽田空港を定刻より十一分遅れて飛び立った。乗員は石田真二機長以下七人、乗客は百三十一人で満席だった。赤軍派メンバー田宮高麿ら九人は「よど号」をハイジャックしピョンヤン行きを指示した。「よど号」は韓国ソウル郊外の金浦空港に着陸したが、田宮はピョンヤンでないことを見抜いた。四日間の交渉のすえ、乗客とスチュワーデスを降ろし、山村新治郎運輸政務次官を身代わりにしピョンヤンに飛んだ。

田宮の出発宣言は、次のような言葉で結ばれている。

　我々は、この歴史的任務を遂行しうることを誇りに思う。我々は、日本の諸同志に、心から感謝する。この歴史的任務を我々に与えてくれたことを。我々は、我々の与えられたこの歴史的任務を最後まで貫徹するだろう。
　日本の同志諸君、プロレタリア人民諸君！
　全ての政治犯を奪還せよ！
　前段階武装蜂起を貫徹せよ！

前段階武装蜂起世界革命戦争万歳！
共産同赤軍派万歳！
そして、最後に確認しよう。
我々は〝明日のジョー〟であると。

最後の「明日のジョー」は、当時、『週刊少年マガジン』に連載されていた若者に絶大な人気があった「あしたのジョー」（梶原一騎作、ちばてつや画）を指している。燃え尽きるまで闘う主人公のボクサー矢吹丈に、革命運動に命をかけている自分たちを重ねた。

人質交換の前日には機内でお別れパーティが開かれた。犯人グループと乗客の間には不思議な連帯感があったという。田宮が別れを主題とした詩吟を謡うと、乗客の一人が、「これだけたくさんの犠牲を強いたのだから、途中で挫折してもらったら困る」と言い、返歌として歌声喫茶で広まった愛唱歌「北帰行」を歌った。そのころは学生運動に対する社会の理解や共感がまだあった。

そのときの赤軍派の人質は、熊本の済々黌から明治大学政経学部二部に入った田中義三だった。田中は重信房子や上原敦男が創設した現代思想研究会のメンバーでもあった。田中は乗客の最後の一人と入れ替わりに「よど号」に戻ったのだが、最後の乗客は田中とすれ違うとき握手を求め、「体に気を付けて、最後まで気を許すな」と声を掛けた。

当初のハイジャック計画では秋には全員帰国するはずだったが果たせず、田宮はそれから二十五年後の一九九五（平成七）年に北朝鮮で死去した。五十二歳だった。田中は一九九六年にカンボジアとベトナムの国境で拘束され、タイに移送された。二〇〇〇（平成十二）年六月、本人の希望で日本に帰国し、「よど号」事件に関連して逮捕・起訴されて懲役十二年の判決を受けた。熊本刑務所に服役中、末期肝臓がんのため執行停止となり、二〇〇七（平成十九）年一月一日、五十八年の波瀾の人生を終えた。

三十余年、夢に夢見た夢なれど、夢は夢にて夢にすぎぬか
（田中が裁判の最終弁論で詠んだ歌）

田宮らがハイジャックによって北朝鮮に出国すると、赤軍派中央政治局員七人のうち、残ったのは京大出身の高原浩之だけになった。その高原も一九七〇年六月には逮捕された。森恒夫は、一九六九（昭和四十四）年七月六日（七・六事件）の赤軍派とブント主流派の内ゲバの際逃亡し、姿を消していた。人材不足に陥った赤軍派は森を呼び戻し、一兵士として活動をやりなおさせた。森はビラ配りやガリ版刷りなどを黙々とこなし、内ゲバにも参加するなど、献身的な活動が認められ、一九七〇年二月に指導部入りした。そのとき赤軍派は新しいメンバーが多くなり、森が過去に逃走したことを知る者は少なかった。しかし、七・六事件のと

き森が逃げ出したことを知る、重信ら古いメンバーは森を信用せずほとんどが去り、幹部はすべて獄中だったため、森が赤軍派最高指導者に押し上げられた。

一九七一（昭和四十六）年二月二十八日には、赤軍派中央委員の一人であった重信房子が、国際根拠地づくりのため奥平剛士と結婚し羽田国際空港からレバノンの首都ベイルートに向けて飛び立った。

重信が日本を脱出したのは、森恒夫と意見が合わず対立していたことが大きかった。

「私は森さんとは考えを異にする立場にあったので、森さんのリーダーシップの下で活動することはお互いにとってうまくいかないだろうと思っていた。それに、いつも分からないことまで分かったように話す森さんの虚勢は気に入らないと、私は批判したりもした。森さんに赤軍派の立て直しができるとは思えなかった。国際部でパレスチナの地平から学び、世界から日本の闘いを捉え、発展させたいと思った」

重信はベイルートに出発する前、大学時代からの友人遠山美枝子のアパートを訪ねた。遠山も森に批判的で、獄中の夫高原も森のリーダーシップに懐疑的だったこともあり、互いに森指導部の愚痴をこぼし合っていた。

遠山は、最後の別れに来た重信を涙ぐみながら励ました。

「ふう（重信の愛称）の選んだ道を行けばいい。いつでも応援しているから」

そして、最後に重信の目をじっと見た。

「ふう、あなたが先に死ぬんだね…」

しかし、遠山はそれより一年後、重信より先に帰らぬ人となった。

重信が武装闘争こそ世界を切り開くという思いを持って旅立った後、森が指導する赤軍派は、銀行強盗など「M作戦」（マフィア作戦）を行う集団と化し、革命左派との共同で赤軍派立て直しの突破口をつくろうとしていた。

川島豪の入獄

革命左派は、羽田空港突入闘争（九・三、四闘争）で有力なメンバーが逮捕された。しかし、川島率いる革命左派はダイナマイトを使った米軍基地襲撃などゲリラ闘争にひた走った。

一九六九（昭和四十四）年十月三十一日、川島豪は革命左派メンバー三人と石灰の採掘現場に侵入し、ダイナマイトを盗み出した。五日後、そのダイナマイトを米軍厚木基地の建物に仕掛けようした革命左派メンバーが逮捕される。その自供をもとに川島に逮捕状が出た。

十一月十六日の佐藤首相訪米阻止闘争では、新聞社のヘリコプターを奪い、羽田空港に飛んで首相が乗った飛行機にダイナマイトを投下することを計画した。米軍の弾薬を輸送する列車の爆破命令を受けたメンバーは実行前日にわざと逮捕された。あまりに無茶な計画に加担したくなかったためだった。横浜のアメリカ領事館に時限装置を付けたダイナマイトを置いたが、爆発前に発見された。これらの計画は川島の思い付きとしかいえない無謀なものばかりだった。メンバーにヘリコプターを操縦できる者などいなかった。

当時の雪野は、戦術の尖鋭さは理論と思想の徹底さを示すように感じ、革命左派が有名になっていくことに満足を覚えた。そして指導者川島を全面的に信頼するようになっていた。

「ゲリラの皮切りの羽田空港突入闘争に対しては、身が引き締まるような思いとともに、痛快な気持ちだった。友人の寺岡恒一も逮捕されたので、朝起きると拘置所にいる彼のことをまず考え、彼の分まで闘わなければ、と誓った。ダイナマイトを使った基地爆破闘争については、さすがに恐ろしさを感じた。しかし、戦術のエスカレートを説く革命左派の理論に照らして、誤りだとは思わなかった」

革命左派が急激に過激化すると、それまでつながりがあった労働者らは離れていった。そして公安警察のマークは厳しさを増し、メンバーの行動はすべて監視されるようになる。

十二月八日昼過ぎ、東急池上線旗の台駅近くで、川島の妻陽子を尾行していた捜査員が、近づいてきた男に気づき声を掛けた。逃げ出そうとする川島が捕まった。

川島は逮捕されて入獄しても武闘路線を変えず、獄中で誇大妄想的な文章を書いて、救援対策の金子みちよらに送りつけた。そして、川島は自分に従順な永田洋子を連絡役として面会にたびたび呼び出した。そのうち川島の連絡役にすぎなかった永田洋子が、次第に組織内での存在感を高めていく。

永田洋子と坂口の結婚

永田洋子は中国の文化大革命を評価し、婦人解放を掲げる姿勢に共鳴していた。貧しい家庭から努力して共立薬科大学に入学した苦学生でもあった。入学直後にワンダーフォーゲル部に入部し、そこで知り合った友人から誘われて、安保闘争で死亡した東大生樺美智子の虐殺抗議の集会に参加した。その後、学内サークルの社会科学班に入った。二年のとき社学同ML派の集会に参加したのが、その後の人生を決めた。東工大のML派幹部の学生に思いを寄せ、やがて社学同ML派に加わった。当時は、学生運動のリーダーに憧れて集会に参加する女子学生が多かった。永田もその中の一人だった。しかし、永田洋子の恋は片思いに終わった。そのときのML派委員長が河北三男だった。河北がML派から離れて警鐘を立ち上げたとき、永田もそれに従った。

卒業後、永田は神奈川県の済生会病院に就職し、病院労働者として警鐘に加わり、病院の組合活動に熱心に取り組んだ。永田がのちに済生会病院を辞めるとき、組合の専従になるよう引きとめられたという。

病院を辞めた永田は、党の指示で五月中旬から川崎の中小工場地帯にあるフジソクというスイッチ製造工場の検査工として勤め始めた。革命左派結成後も、工場に入り労働者になるという方針は続いていた。

「私は、のちの九・三、四愛知外相訪ソ訪米阻止闘争や政治ゲリラ闘争のような武装闘争などが行われるようになるとは思いもよらなかった。職場での闘争を基礎にして街頭政治闘争も闘うというふうにしか考えていなかった」

永田は、革命左派となっても、工場での労働に基づいた大衆闘争の方針は変わらないと考えていた。

羽田空港突入闘争後、永田洋子も逮捕者の救対活動に追われた。大槻節子の自白によって、検挙や逮捕されるメンバーが増えていた。革命左派全体の救対活動していた金子みちよは救対センターに泊まり込み、警察の家宅捜索やメンバーからの連絡に対応し、面会、差し入れ、家族との連絡、救援機関紙の発行をこなし、まともに睡眠時間を取れない日々が続き痩せ細った。救対活動の経験がなかった永田は金子をサポートするために、弁護士を探し、裁判に備えていた。

翌一九七〇（昭和四十五）年二月、羽田空港突入闘争の論告求刑が出された。坂口弘が懲役七年、渡辺正則が懲役五年だった。

懲役七年の求刑を聞いた坂口は、「七年も入っていられない」と激しく動揺した。対照的に渡辺は冷静に受けとめ、五年の入獄を決意した。

求刑が出た後、坂口は永田洋子に結婚を申し込んだ。

坂口は保釈出所後、永田がひたむきに活動している姿に魅かれて、好意を持ったという。坂口にとって永田は気楽に話せる身近な女性だった。

そのとき永田は坂口の求婚を断った。

「私は、坂口氏を信頼してはいたものの、坂口氏に恋愛や性愛の感情を全く持っていなかったので、この要求を唐突と感じるしかなかった。それで、はじめは断った」

これに対して坂口から、「七年の求刑が出ている者に断るのは薄情だ。冷たいじゃないか」と情に訴えられて、動揺した永田は求婚を受け入れた。

雪野はそのころの永田と坂口をこう見ていた。

「永田と坂口は組織の中で活動家としての人望は低かった。永田は学生運動にしろ、それ以外の運動にしろ、運動の中においで自分で組織した経験はほとんどない。みんなから遊離した形で動いていて、運動組織を作るということはしていない。その点では坂口も同じ。大学の自治委員長になっても、人前で話すのが苦手ですごく嫌がっていた。そういうとき、労働者になれと言われてすごく喜んだのだから…」

永田最高指導者に

一九六九（昭和四十四）年十二月末、名古屋で活動していた新井功がダイナマイト不法所持で逮捕された。川島が東京より名古屋のほうが安全だろうと新井に預けたダイナマイトだった。

「新井さんがドジしてね。川島に押し付けられたダイナマイトをコインロッカーに入れていたのを、保管期限までに取りに行かなかったので、料金不足でロッカーを開けられて騒ぎになった。追加料金を払っていたら、捕まらなかったのにね」

雪野は、新井の失敗談をおかしそうに話した。

新井が逮捕されたため、後任として名古屋に行くように指示された雪野は、翌一九七〇（昭和四十五）年一月、名古屋市内にアパートを借り、中京競馬場の駅から坂を上がったところにある星崎電機に就職した。

「あのころは宅急便などなく荷物は鉄道のチッキ（小荷物運送）で運んでいた。母から布団をチッキで送ってもらって駅で受け取った。母は反対しなかったね。星崎電機は製氷機や業務用冷蔵庫を製造していた。今も会社は営業している。高卒と偽って潜り込み、冷却回路を調整する検査工をしていた。一月に入社し、六月に設計部に行かないかと言われたが断った」

名古屋での雪野の任務は、新井が進めていた革命左派と政治的考えが近い組織と接触しオルグすることだった。ガリ版刷りの『反米の旗』という機関紙を発行した。発行者は中京地区安保粉砕共闘会議準備会で、のちにこれが中京安保共闘となる。そのころ高校生だった加藤倫教《みちのり》（「あさま山荘」で逮捕）らが、その機関紙を高校の友人らに配って宣伝を手伝った。雪野らのオルグ活動によってメンバーを増やしていた。

七月には、永田洋子と坂口弘が雪野を訪ねて来た。雪野が接触していた、日本共産党を造反して日中友好運動などをしている労学戦線というグループに会うためだった。労学戦線は、革命左派の政治路線と政治ゲリラ闘争を支持するとしたが、その関係が進展することはなかった。

八月に雪野らは中京安保共闘を旗揚げし、より活発な活動に邁進していく。

「愛知県の日中友好協会の過激グループが、加藤倫教君を介して連絡してきて、秋まで意見交換した。小嶋和子、史子姉妹もそのとき革命左派に加入した。姉はのちに山で亡くなった。僕がオルグしなかったら山に行くこともなかっただろう。そのことには責任を感じている」

そのころ、埼玉県東大宮の柴野春彦のアパートで五人の革命左派常任委員会が開かれ、代表の選出が行われた。投票の結果、永田洋子が委員長に選ばれ、獄外メンバーの最高指導者になった。永田が三票、坂口が二票だった。永田を推したのは坂口、柴野、寺岡の三人、永田と若林功子の女性二人は坂口に投票した。

名古屋にいた雪野は永田が最高指導者になったことをあとで知らされ、その経緯についてはまったく分からないという。雪野は、永田が最高指導者に選ばれた理由をこう捉えている。

「永田は、革命左派の中では理論家ではなく、そんなに優れているとは思われていなかった。それが、川島豪が獄中に入ってから、幹部の中で頭角を現してくる。それは一つには川島が引っ張り上げた側面と、ほかのメンバーたちが身を引き、永田に席を譲った側面がある。川島の命令に従順な永田のようには武闘路線に没入できない、距離を置きたいという気持ちがほかのメンバーにはあったと思う」

永田に一票を投じた坂口はこう話している。

「武闘の困難性はもちろん、いずれ下獄（坂口は保釈中だった）していく私がどうして委員長の大役を務められるだろう、と思っていた。この役職回避の気持ちは、他の四名の常任委員も同じだったと思う」

過激化する革命左派

一九七〇（昭和四十五）年、十二月十八日深夜。

雪野ら四人のメンバーが名古屋出入国管理事務所に火炎ビンを投げ込んだ。名古屋で初めての実力闘争だった。日本の出入国管理体制が在日外国人、とりわけ在日朝鮮人や在日中国人に対して差別的であるということへの抗議活動だった。安保の自動延長後、新たな運動目標とし、外国人差別問題や戦争責任問題が提起されていた。

軽自動車で入国管理事務所の近くに行き、火炎ビンをトランクから取り出した。運転手は自動車に待機し、雪野を先頭に三人は街灯もない暗い歩道を小走りで管理事務所に向かった。入管事務所の壁沿いに常夜灯のともる建物の下に着くと、雪野が二階の窓にめがけて火炎ビンを投げつけた。窓ガラスが割れる音が静寂な一帯に響いた。

「入管闘争は当時から大きなものだった。しかし、いきなり火炎ビンを投げたのは乱暴だったかな。でも最近、名古屋出入国在留管理局に収容中のスリランカ女性が、適切な治療を受けられないで死亡した事件が起こったしね。それを思うと、火炎ビンを投げ込んだことはそんなに乱暴でもなかったかな」

しかし、翌日のニュースで大きく報じられたのは雪野らの火炎ビン襲撃ではなく、同じ日に東京で起こった交番襲撃事件だった。

一九七〇（昭和四十五）年、十二月十八日午前一時半。

柴野春彦、渡辺正則、川崎の定時制高校生Sの三人が、東京都板橋区の上赤塚派出所を襲撃した。最高指導者川島豪を奪還するための拳銃を警官から奪うのが目的だった。

柴野ら三人は、「車が故障したので、ちょっと休ませてください」と交番に入った。応対した若い巡査に殴りかかり拳銃を奪おうとするが抵抗され、奥の部屋で仮眠していた巡査長が物音ではね起きた。とっさに拳銃を取った巡査長の前に柴野が立っており、もみ合っているとき銃の引き金を二発引いた。柴野はその場に倒れた。続いて巡査長は、渡辺とSに向かって三発発射した。

柴野は胸を撃ち抜かれ派出所で息絶えた。Sは腹部貫通の重傷、渡辺は右腕と腹を撃たれ、病院に運ばれた。

名古屋にいた雪野には、事前に何も知らされていなかった。

「柴野春彦君が殺されたのはショックだった。一年年長で、同じ大学でもあり、よく知っていた。殺される一年前から指名手配され、アパートの一室に閉じこもってほとんど外にも出ない、という生活を送っていた。十一月下旬の会議のとき、髪と髭を伸ばし、前歯が抜けて人相が変わっていた。党の指示で一緒に生活していた大槻節子さんのショックは大きかった」

雪野が最後に柴野に会ったという十一月中旬の党会議は、茨城県土浦のアジトで開かれた。そのとき永田、坂口、柴野、渡辺、中島、尾崎、前沢、若林、雪野が参加した。会議ではゲリラ闘争の開始について意志一致が行われた。永田がゲリラ闘争開始の位置づけとともに、川島奪還闘争のことを初めて明らかにした。坂口と柴野は、「この土浦会議は、日本の革命運動史上、歴史的なものになるんだ」と口を揃えたという。

会議は二日にわたって行われ、永田がみんなの食事を引き受けた。そのときの様子を永田が、のちにこう述べている。

「炊飯器で霞ヶ浦から獲れる小エビ入りのうどんをつくったがアッという間になくなってしまい、一回の食事で二度つくらねばならなかった。この会議は、みなで奪い合うように食事をしたり、狭い室で重なるように寝たりしたので、修学旅行のような雰囲気だった。柴野氏は、皆とずい分楽しそうに話していた」(『十六の墓標(上)』永田洋子)

柴野は「チビ太」のあだ名で呼ばれ、ユーモアにあふれ人気者だった。大槻節子は組織から命じられて、米軍厚木基地闘争で指名手配されていた柴野の潜行を助けるために、十月まで三カ月にわたり夫婦の名目で共同生活をしていた。

翌一九七一（昭和四十六）年二月九日、大槻節子は日記にそのときの気持ちをこう記している。

チビ太（柴野の愛称）が死んだ、権力の凶弾に撃たれて死んだ、死んだ。キタロー（渡辺の愛称）とS君の血が権力の凶弾に生々しく流れた、流れた。そして彼の重い非現実的な「死」＝極めて過酷な現実の死と不動に黙し闘うキタローと耐え闘うS君と…

なんと威容な形をもって私の前に、我々の前に在ることだろうか！

鉄格子を破壊せよ！

インドシナ全面戦争、押し寄せる侵略戦争への津波、断て！

自らなれ！　戦士に。

暗い時代の、虚妄の時代のベールに鋭い軌跡を記せ！

武器をもち、武装し、戦場に出でよ、おのが血の、彼らの血の上にしたたるをもって、白い花を咲かしめん！

冷徹な砦を築く彼を、それが故に激しく愛す！

交番襲撃事件後、すぐに警察は「巡査長の拳銃使用は、生命を守るためのやむを得ない措置で、正当防衛である」と発表した。それに対し、革命左派は「警告なしの拳銃発射であり、正当防衛でなく、虐殺」と主張した。

大槻は、事件翌日十二月十九日の上赤塚交番への柴野虐殺抗議デモでは先頭に立って演説し、武装闘争を支持するようになった。重傷を負って逮捕された渡辺も、柴野の死をきっかけに、それまで武装闘争に消極的だった態度から積極的な態度に変わった。

雪野も同じ気持ちだった。

「名古屋では強い伊吹おろしが吹いていたが、関東平野に吹く筑波おろしも身を切るようだった。下車した駅の掲示板には、殺された柴野春彦の手配書が、破れかかったまま風に吹かれていた。しかし、同志の死は、組織に一層の結束と新しい緊張を生み出した。われわれの心情と戦術も、必然的に一層左へ押しやられた。吹く風は寒く、組織の状況は困難だったが、われわれのエネルギーは決して下火にはならなかった」

柴野の死は、革命左派に悲しみばかりでなく、怒りと復讐心を芽生えさせた。感情的になり、より過激になっていく組織において、その方針に異を唱えることは難しくなっていった。激しい復讐心の炎をたぎらせた革命左派はさらなる事件へと突き進んでいった。

交番襲撃で主要メンバーを失った革命左派は、それを補うために名古屋から雪野建作を呼び戻した。雪野は、永田洋子の指示を受けて軍事組織（非合法組織）メンバーが潜伏するアジトに同居することになった。メンバーはみんな二十歳前後の青年だったので、受験生と偽ってアパートを借りていた。そこには軍メンバー四、五人が一緒に住んでいたが、雪野は軍メンバーには入っていなかった。

「東京での任務は神奈川県警の屋上近くにアンテナを設置し、県警の通信を妨害する機械の製作だった。それが終われば、また名古屋に帰って、そこでの活動を続けることになっていた」

交番襲撃による銃奪取に失敗した革命左派だが、指導者川島豪の奪還をあきらめていなかった。横浜地裁の公判のとき、出廷した川島豪を奪還する計画を実行するには銃が必要だった。

最初は銃を手に入れるために、ハンターから猟銃を盗むことを計画した。しかし、何度か調査に行き、猟犬がいるので難しいと断念した。次に右翼や暴力団から手に入れようとしたが断られた。そのため、鉄砲店から奪取することが検討された。銃砲店の調査が始まり、アジトがあった栃木県は足がつきやすく危険ということで、隣の茨城県を中心に行われた。ところが、図書館に置いてある地方紙を調べていたとき、茨城県は犯罪検挙率が高いとする記事を見つけ、すぐに調査は打ち切られた。そこでアジトを群馬の館林に移すことにして、栃木県を中心に調査を再開した。その結果、真岡市にある規模の小さい塚田銃砲火薬店がターゲットになった。

そのとき一番問題になったのが、民間の銃砲店を襲うことについての正当性だった。メンバーの間で議論が重ねられた。

「『人民のものは針一本、糸一筋も盗まない』―毛沢東が作った規律に反するではないか」

民間人から奪取することの正当性について、軍事メンバーは熱心に意見を交わした。同じ部屋にいた雪野は、軍事メンバーではなかったので、自分の仕事をしながら、その議論を聞き流していた。

「計画は僕のいたアジトで練られたし、調査について行ったこともあるので、ある程度のことは知っていた。しかし、軍メンバーではなかったので、正当性の議論にはあまり関心がなかった。今にして思えば、無責任だった」

後日、雪野は吉野に正当性についての議論の結果を聞いた。

「結局、銃砲店の塚田氏は確かに人民だが、鉄砲店は警察権力と一体化しているので、その末端機関とみなすべきだ。警官から銃を奪うのに失敗したし、やむを得ないことである、ということだった。僕も望ましくはないが余儀なきこと、と思っていた。銃も使った後は返すということで、苦しい自己正当化で結論づけた」

決行日は川島公判の三日前の一九七一（昭和四十六）年二月十七日に決まった。

最初は、猟銃奪取の実行部隊は寺岡恒一、吉野雅邦、尾崎康夫、瀬木政児、中島衡平の五人だった。ところが、決行の直前になって雪野建作も急遽メンバーに加わることになった。

第六章

『熊本評論』と赤旗事件

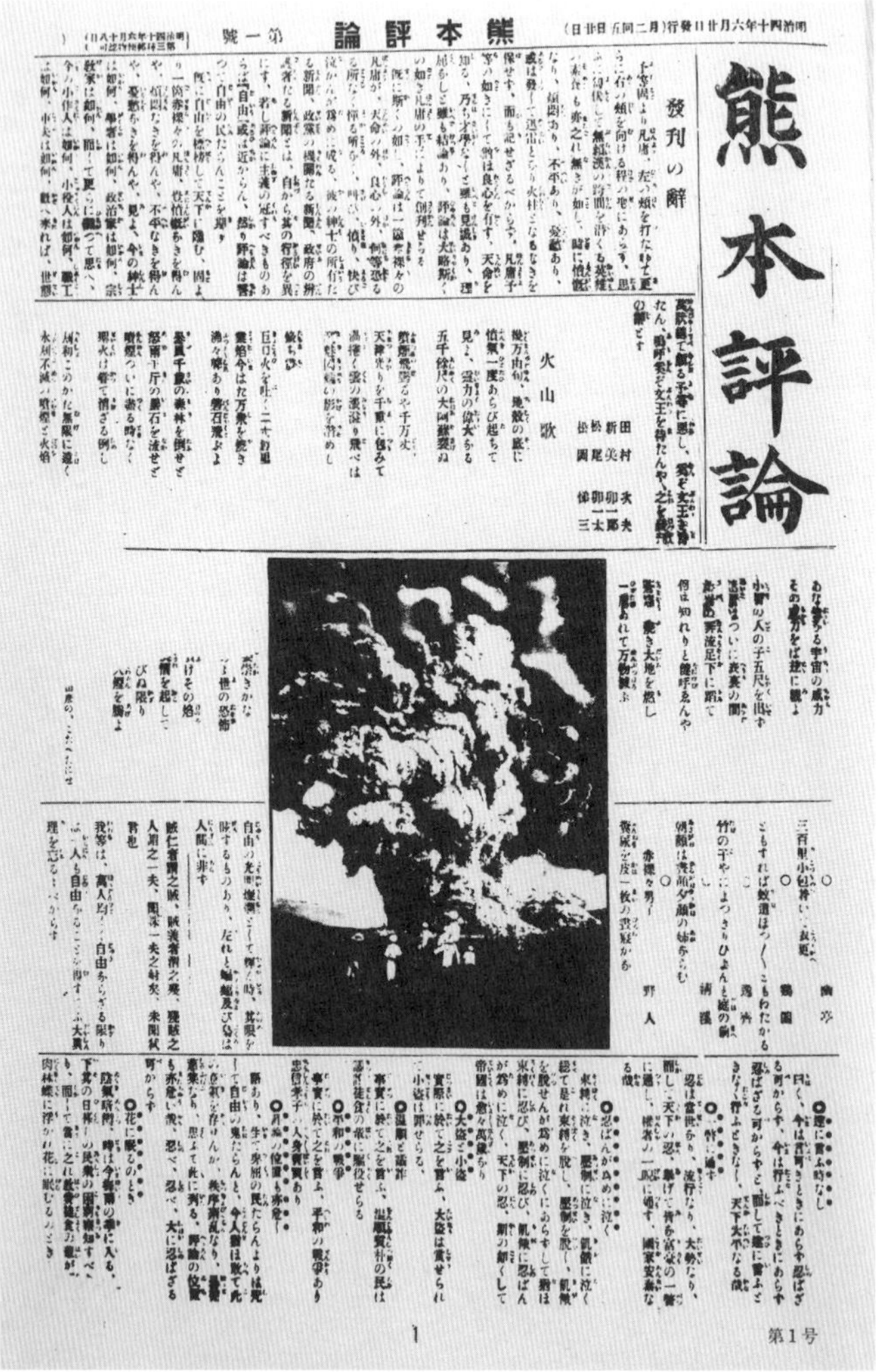

明治四十年六月廿日發行（月二回五日廿日）　熊本評論　第一號　（明治四十年六月十八日 第三種郵便物認可）

熊本評論

發刊の辭

予等固より凡庸、左の頬を打たれて更に右の頬を向ける程の聖にあらず、思ふに詞伏して無辯護の時間を消くる英雄の素食も亦之れ無きが如し、時に憤慨なり、煩悶あり、不平あり、發憤あり、或は發して迸出となり火柱となるもなきを保せず、而も記せざるべからず。凡庸子等の如きにして猶は良心を有す、天命を知る、乃ち才學なくして雖も見識あり、理屈もなくして雖も結論あり、評論は大略斯くの如き凡庸の手によりて創刊せらる

既に斯くの如し、評論は一箇赤裸々の凡庸が、天命の外、良心の外、何等恐るる所なく憚る所なく、叫び、憤り、快び泣かんが爲めに成る、彼の紳士の所有たる新聞、政黨の機關たる新聞、政府の辨護者たる新聞とは、自から其の行徑を異にす、若し評論に主義の冠すべきものあらば『自由』或は近からん、然り評論は警つて自由の民たらんことを期す

既に自由を標榜して天下に臨む、固より一箇赤裸々の凡庸、豈に憤慨なきを得んや、煩悶なきを得んや、不平なきを得んや、憂憤なきを得んや、見よ、今の紳士は如何、學者は如何、政治家は如何、宗教家は如何、而して更らに翻つて思へ、今の小作人は如何、小役人は如何、職工は如何、車夫は如何、數へ來れば、世態

民訴鶴で顧る予等に懸し、獄ぞ文王を待たん、嗚呼獄ぞ文王を待たんや、之を發刊の辭とす

火山歌

田村次夫
新美卯一郎
松尾卯一太
松岡悌三

幾万由旬、地殻の底に
憤氣一度あらび起ちて
見よ、靈力の偉大なる
五千餘尺の大岡裂裂ぬ
噴煙飛騰るや千万丈
天神光りを千重に包みて
渦捲く雲の渡泛り飛べは
蛙闇の影を消めし
鯨ちぬ
巨口火を吐く二十六箇
焦焔今はた万象を焼き
沸々聲あり巖石飛ぶよ
岩質千歳の森林を倒せざ
怒雨千斤の巖石を流せざ
噴煙ついに盡る時なく
爆火は嘗て消ざる例し
周和このかた無限に遠く
永刧不滅の噴煙と火焔

あな勢ある宇宙の威力
その勢力をば鎮に觀よ
小智の人の子五尺を出ず
造暦はついに衰衰の間
赤然の奔流足下に蹈て
何は知れりと饒呼ゑんや
驚嘆、焼き大地を燃し
一層あれて万物燃ふ

驚きかな
世の恐怖
けその焔
情を起して
びぬ限り
八盤を踏よ

○三百里小包背いて衰延　幽亭

○こもすれば蚊遣ほつ〳〵こもわたかる　鵜園

竹の子やによつきりひよんと庭の前　湧泉

朝顔は夜顔夕顔の姉ならむ　荊溪

○赤裸々男！　野人
養成を皮一枚の豊凝かな

自由の光明燦爛として輝く時、其眼を眩するものあり、だれと蝙蝠及び梟は人間に非ず

賊仁者謂之賊、賊義者謂之殘、殘賊之人謂之一夫、聞誅一夫紂矣、未聞弑君也

我等は、萬人均しく自由ならざる限り一人も自由なることを得ずといふ大眞理を忘るべからず

○理に言ふ時なし
曰く、今は言ふべきときにあらず忍ばざる可からず、今は行ふべきときにあらず忍ばざる可からずと、而して遂に言ふとき無く行ふときなし、天下大不平なる哉

○忍に論す
忍は當世なり、流行なり、大勢なり、而して天下の忍、擧げて皆な富豪の一瞥に遁し、權者の一喝に伏す、國家安泰なる哉

○忍ばんが爲めに泣く
束縛に泣き、壓制に泣き、飢餓に泣く、總て是れ束縛を脱し、壓制を脱し、飢餓を脱せんが爲めに泣くにあらずして猶は束縛に忍び、壓制に忍び、飢餓に忍ばんが爲めに泣く、天下の忍、斯の如くして帝國は愈々萬歳なり

○大盗と小盗
實際に於て之を言ふ、大盗は賞せられ小盗は罪せらる、

○温順と諂詐
事實に於て之を言ふ、温順質朴の民は諂詐徒食の徒に驅役せらる

○平和の戰爭
事實に於て之を言ふ、平和の戰爭あり忠信孝子の人身賣買あり

○評論の位置も亦危し
爵あり、生て奴隷の民たらんよりは寧して自由の鬼たらんと、今人皆は敢て此の意氣を存せんか、秩序紊亂なり、罪惡の淵叢なり、思ふて此に到る、評論の位置も亦危い哉、忍べ、忍べ、大に忍ばざる可からず

○花に眠るのとき
陰氣晴朗、時は今梅雨の季に入る、下萬の日の民衆の困弊知すべし、而して當に之れ飽食の徒が肉林蝶に浮かれ花に眠るのとき

1　　第1号

『熊本評論』創刊号（熊本県立図書館所蔵）

創刊から充実

一九〇七（明治四十）年、六月二十日。

『熊本評論』創刊号が発刊された。松尾卯一太と新美卯一郎が刊行を決めてから一年半ほどたっていた。準備期間が長かっただけに、創刊号から内容は充実していた。論説、時事評論、雑文、文芸、同志の活動状況など多分野にわたる。全国的な話題も載っているが、熊本に関する記事が多いのが特徴である。

地元熊本の権力者や権威者を痛烈に批評する「公開状」、私生活を暴露する「当世紳士内緒日誌」、言いたい放題の「ドーアルキャー」と読者の興味をそそる企画が並んでいる。

「発刊の辞」も型にはまらず、冒頭から若さとユーモアにあふれ、面白そう読んでみようと期待を持たせる。

「予等、固より凡庸、左の頬を打たれて更に右の向ける程の聖にあらず、思うに匐伏《ふくふく》して無頼漢の跨間を潜る英雄の素養も亦、之無きが如し。時に憤慨あり、煩悶あり、不平あり、憂愁あり、或いは発して迅雷となり、火柱となるなきを保せず、而も記せざるべからず。凡庸、予等の如きにして猶ほ良心を有す、天命を知る。乃ち才学なしと雖《いえど》も見識あり、理屈なしと雖も結論あり、評論は大略斯くの如き凡庸の手によりて創刊される（後略）」

末尾には、田村次郎、新美卯一郎、松尾卯一太、松岡悌三の四人の名前が署名されている。発行兼編集人が新美卯一郎、印刷人が松岡悌三、印刷所は熊本市迎町六十七番地の中山活版印刷所となっている。のちに中山活版は秀栄舎活版印刷所に社名が変更される。

卯一太が資金を出し、記事は主に新美が書き、編集は松岡があたり、田村が発送や事務を担当した。卯一太は、「ノ乀」（べつぼつ、へつほつ）という風変わりな筆名で執筆し編集にも携わった。新美と松岡は、熊本毎日新聞社の記者として在籍したまま、『熊本評論』の記者、編集者を兼務した。松岡悌三は卯一太と同じく済々黌、東京専門学校（早稲田大）出身で、詩人の松岡荒村は親戚である。新美は「江滸《こうこ》」、松岡は「藻川」の筆名を使った。田村次郎は、発送や事務の仕事以外にも、広告取りや集金などもやった。発刊のための資金は弁護士の広瀬莞爾が援助し、社友として宮崎民蔵、宮崎滔天、一木斎太郎（長洲町出身、宮崎八郎を慕う熊本協同隊の生き残り）らが寄稿した。

定価は一部三銭五厘、一カ月前金七銭、六カ月前金四十銭、郵税一部五厘、広告料は一行二十五銭である。大きさは縦三十九センチ、横二十六・五センチ、ページ数は八ページ（正月特集、一周年記念号は十六ページ）、月二回刊行で五日と二十日が発行日、発行部数は千五百部前後だった。

熊本県立図書館に、第三号から第三十一号（終刊号）までの実物が収蔵されている。それを見ると、題字の「熊本評論」だけは赤色で印刷されている。第二十二号からは黒字に変更。紙は現在の新聞用紙より薄くて上質な紙が使われている。
本文記事は五段組み、一行十八字取り、写真や挿絵が入り、漢字には全てルビが振られ誰でも読めるよう工夫されている。挿絵は『平民新聞』にも描いている竹久夢二、小川芋銭など、のちに有名になる大家の絵が使われている。ただ、『熊本評論』に使われている夢二の挿絵は贋作、芋銭の絵についても疑わしいという指摘がある。
「『平民新聞』に実際、夢二や芋銭が挿絵を描いているわけですが、熊本じゃ、その原画が手に入らずに、似せて描いたようなんですね。サインまで似せて書いているんですよね」（『平民社一〇〇年と「熊本評論」シンポジウム報告書』）
編集後記に当たる「評論社たより」に卯一太がこう記している。

▲断って置きたいのは、世間では誤って僕等をエライ料見でも持っているようにビクついて居るそうだが、そりゃウソだ。長髪汗面の江湝（新美）なんか、一寸見れば謀叛気でもあるようだが、叩けば至って優しい音を出す男なんだ。藻川（松岡）、ノ乀（卯一太）、田村の徒輩に至りては天でお話にならぬ連中だ。（ノ乀記）

創刊号が出ると、東京、大阪、京都、長崎、大分などの同志から祝辞が相次いだ。幸徳秋水からも祝文が届いた。

熊本評論、体裁といひ材料といひ非常によく出来た。お世辞でない。真に愉快に読了した。発刊の辞の「自由」を主義とするのも大賛成だ。いくら衣食が余りあっても自由がなくては死するに如かず。

僕は社会主義者だから国家的法律的社会主義は尤《もっと》も嫌いだ。僕は革命運動も中央集権になってはイケヌと思う。各地方が自治的にクラブが出来、機関紙が出来てドン〳〵運動するその間に自然の聯絡《れんらく》があればよい。中央部会や老輩の統率など受けてはイケヌ。此の点に於いて僕は深く熊本評論の発刊を祝するのである。（東京、幸徳秋水）

全国機関紙の役割担う

熊本評論社の社屋は熊本市新町一丁目九十五番地の借家だった。四畳半の玄関に十畳の応接間、六畳の編集室と六畳の茶の間と台所の間取りで、築山、泉水のある庭もあった。社屋があった場所を探して、「熊本市街地籍細密地図」（昭和二年一月発行・熊本市歴史文書資料室所蔵）と現在の新町住宅図を照らし合わせながら歩いた。新町は、明治末と現在の住宅区画がほとんど変わっていないので、すぐ見つかった。現在の住所は熊本市中央区新町一丁目二となり、そこには十五階建てのマンションが建っている。

青年たちが自由を標榜し、意気揚々と立ち上げた『熊本評論』だが、発刊後すぐに官憲から言論弾圧を受けることになる。第二号「公開状」で批判された弁護士井島義男と、第四号「当世紳士内緒日誌」でスキャンダルをスッパ抜かれた第六師団長西島助義の二人が熊本評論社を告発し、その結果、誹毀罪と官吏侮辱罪で、発行兼編集人新美卯一郎は、それぞれ重禁錮一カ月、罰金五円に処された。一九〇七（明治四十）年十月二日に新美が入獄したため、卯一太は執筆や編集に追われ熊本評論社に泊まり込むことが多くなった。

そのため、一九〇七年末、熊本評論社近くの古城堀端町（現新町二丁目）に玉名から住まいを移し、『熊本評論』の編集、制作に専念した。卯一太家族の住まいは熊本評論社から二百メートルほど北、現在福田病院地域文化交流館「寿心亭」が建っている辺りだった。

新美に代わり、第七号（九月二十日付け）から、松岡悌三が発行兼編集人になる。しかし、弾圧は強まり、第十二号（十二月五日付け）の「新兵諸君を送る」が新聞紙条例違反に問われて、松岡も一九〇八（明治四十一）年一月二十一日に入獄した。松岡は出獄後、熊本評論社を退社し熊本毎日新聞社に専任することになった。同じく熊本毎日新聞の記者を兼務していた首藤猛熊も退社した。

相次いで書き手がいなくなったため、その助っ人として入社したのが、松尾卯一太の故郷玉名の友人古庄友祐だった。一九〇八年三月刊行の『熊本評論』第十九号に古庄友祐の「入社の辞」が掲載されている。

「余生来の愚鈍、固より舌に依り、又筆に依りて他を示導する才にあらず、聊《いささ》か評論社の別動隊となり、敢えて社会人類のために尽さんのみ、然り余は只黙して動かんのみ、之を入社の辞となす」

古庄は松尾卯一太より三歳下で、卯一太を追いかけ同じような経歴をたどっている。一八八二（明治十五）年三月二十九日、玉名郡高瀬町（現玉名市）に生まれた。一八九〇（明治二十三）年四月、高瀬尋常小、玉名高等小を経て済々黌に入学した。

翌年、済々黌を退学し中国に渡り、熊本県八代郡鏡町（現八代市）出身の中島裁之が一九〇一（明治三十四）年に創立した北京東文学社（日本語学習、対華日本教育）の教習（指導員）となった。古庄は柔道の心得があり、負けん気が強く、卑怯な者や横暴な者とは派手に喧嘩した。その「弱きを助け、強きをくじく」気質が買われたのだろう、一九〇四（明治三十七）年二月九日に北京公使館に派遣されていた青木宣純《のぶずみ》大佐が招集した重要会議の四十七人の一人に入っている。この重要会議は日露戦争開戦に際し、ロシアの南下を阻止するために、シベリア鉄道のオビ、エニセイ両河に架かる鉄橋爆破という特別任務のメンバー編成のために開かれた。

メンバーは大陸浪人と称される民間人が起用され、古庄らは馬賊を使って計画を実行した。古庄らは、馬賊らと共にロシア兵に包囲され、九死に一生を得たり、逆にロシア兵の銃器や食料などを積んだ馬車を奪ったりした。結果的には日本帝国主義の尖兵として利用されたのだが、憂国の志士として行動した。そのような古庄の馬賊変装や馬賊との行動から、熊本評論社に入社すると「馬賊和尚」のあだ名で呼ばれるようになる。

古庄から少し遅れて、東京からも助っ人がひょっこり現れた。熊本評論社の窮状を知った堺利彦が熊本行きを勧めた坂本清馬だった。

坂本清馬は、第二回社会党大会における幸徳秋水が訴えた「直接行動論」に心を揺り動かされ、秋水の書生となった。秋水と同じ土佐生まれの〝いごっそう〟である。短気で負けん気が強く、何ものにも屈服しない二十二歳の青年だった。一九〇七（明治四十）年十月末、幸徳秋水が病気療養のために故郷土佐の中村に帰ると、坂本は堺利彦の家に引き取られて、本格的に社会主義者の道を歩き始めていた。翌一九〇八年一月十七日、金曜会屋上演説事件が起きた。その日の社会主義講演会は本郷弓町の平民書房の二階で開かれた。狭い部屋に六十人近い聴衆が詰まっていた。会が始まると、すぐに警官が解散を命じたため、弁士の堺利彦の怒りが爆発した。日ごろは穏やかな堺が警官を怒鳴りつけた。この騒ぎで暴れん坊の坂本も堺、大杉栄、山川均らと共に逮捕された。公判では堺と大杉が再犯加重で軽禁固一カ月半、坂本は一カ月の懲役刑となり巣鴨監獄に送られた。

巣鴨監獄から出た坂本は、初めての「革命即愉快」という文章を『熊本評論』に発表した。熊本評論社とはそういう縁もあり、坂本は熊本に行くことになった。

坂本が、熊本駅に着いたのは、一九〇八（明治四十一）年五月五日、節句の日だった。迎えに来ていた新美卯一郎が人力車で新町の熊本評論社に案内した。

折しもこの日、『大阪平民新聞』から改題した『日本平民新聞』が廃刊となった。そのため、全国の直接行動派による論説が『熊本評論』に集中することになり、官憲から無政府主義、社会主義の過激な主張を全国に発信する機関紙として睨まれるようになる。そのうえ、直情径行な性格で無政府主義の坂本の参加がそれに拍車をかけることになった。

坂本の熊本評論社「入社の辞」は冒頭からこうである。

「予は無政府共産的革命主義者の一人として、社会的総同盟罷工論者なり。（略）無政府共産てふ大思想、大精神の指示する社会は、国家なき社会なり、政府なきの社会なり、然り而して一切の権威を否定する社会なり、万人の幸福と利益とを計り以て人類をして進化向上せしめんとする社会なり（略）」（二十三号、五月二十日付け）

秋水は、すぐに坂本を諫める手紙を送っている。

「君は他人の新聞だと思って無責任なことを書きすぎる。今は、新聞などに無政府主義を公然と書く時代ではない。もっと慎みたまえ」

その後も、坂本は機会あるごとに無政府主義的な文章を『熊本評論』に発表した。

熊本評論社があった付近、現在の新町１丁目

松尾卯一太の住居があった付近、現在の新町２丁目

赤旗事件

赤旗事件は大逆事件の発端とされるのだが、それは日本社会党の直接行動派（硬派）の大杉栄や荒畑寒村らのたわいのない行動から起こったものだった。多数の逮捕者が出る重大事件に発展するとは誰も思ってもいなかった。

一九〇八（明治四十一）年六月二十二日、午後一時に東京神田の錦輝館において「山口孤剣出獄歓迎会」が開かれた。硬軟両派の抗争が起こる前に入獄し、みんなに愛されていた山口孤剣の出獄を祝う会ということで、日本社会党硬軟両派合同での開催となり出席者は七十人を超えた。女性や子どもの姿も多く見られ、闘争的な演説会と違って、和気あいあいの雰囲気だった。

歓迎会は、発起人を代表する石川三四郎の開会の辞に続いて、軟派を代表する西川光二郎、硬派を代表する堺利彦の挨拶が終わり、山口孤剣の挨拶もすみ、すぐに余興の演芸大会に移った。

余興は薩摩琵琶の「川中島」と進み、本能寺の剣舞になると舞台に立つ演者来島正道に大きな歓声が飛んだ。大トリの伊藤痴遊の講談「来島恒喜の大隈外相襲撃」が終わり、いよいよ閉会というとき、会場の一角から「ああ革命は近づけり」と叫ぶ声が聞こえた。一団の青年が革命歌を歌い出した。機会を窺っていた直接行動派の大杉、荒畑らは、場内の後ろに立てかけてあった二本の赤旗をひるがえしながら、花道を練り歩いた。たちまち会場は騒然と沸き返って「革命の歌」の合唱が会場に響き渡った。

赤旗は、大杉と荒畑が相談し、軟派に対する示威運動をしようということになり、荒畑の下宿のおかみさんに頼んで、赤地の布に「無政府共産」、「無政府」、「革命」という文字を白テープで縫い付けてもらい、竹竿を買ってきて作ったものだった。

血気盛んな直接行動派の青年らは勢いにまかせて、大杉の赤旗を先頭に会場の外に繰り出した。その一団と警察ともみ合いになり、多勢に無勢の悲しさで、あらゆる抵抗もむなしく、神田警察署の方へ引きずられていった。留置所でも反抗して騒いだこともあり、取り調べは残虐をきわめて蹴る、殴る、踏みつけるで、さすがの荒畑も気絶してしまうほどだった。大杉は素っ裸にされたうえ引きずり回され、あまりの恥辱に悔し泣きした。

騒ぎを止めに入った堺利彦、山川均らも留置場に放り込まれ、さらには大須賀さと子（山川均の愛人）、小暮れい子も赤旗を預かって帰る途中に検挙された。荒畑寒村と内縁関係にあった管野スガと神川マツ子は、寒村に面会に行きそのまま逮捕された。

管野スガはそのとき警官からいわれなき乱暴とひどい屈辱を受けた。理由もなく暴力的に逮捕され、東京監獄の未決に二カ月以上拘禁されて、その間に肺結核が進行し、勤めていた「毎日電報」も解雇された。裁判で無罪となり釈放されたが、そのときの体験が、それまで一婦人記者にすぎなかった管野スガに、日本国家の暴力支配を絶対に許さない、そのためには手段を選ばないと復讐を決意させた。

この一夜の騒動によって、兇徒聚集《きょうとしゅうしゅう》治安警察法違反の罪名で十四人が検事局に送られた。

司法の黒幕

赤旗事件は、桂太郎内閣が総辞職した後、一九〇六（明治三十九）年一月七日に組閣された一次西園寺公望内閣のときに勃発した。同年三月に行われた東京市電運賃値上げ反対集会後、参加者が暴徒化した電車事件で服役していた山口孤剣の出獄祝いのときに起こった偶発的な出来事とされる。官憲が出獄祝いのとき、騒ぎを起こさせるためにスパイを潜入させていたという説もある。赤旗事件後、官憲の社会主義者に対する弾圧はどんどんエスカレートしていった。

社会主義取り締まりに消極的な西園寺公望に不満を持っていた山県有朋にとっては好都合だった。桂前内閣の社会主義弾圧の方針を緩めて、日本社会党の結成を認めるなど社会主義運動を大目に見ていた西園寺は非常に苦しい立場に立たされた。

山県は赤旗事件を利用して西園寺を追い込んでいく。西園寺が社会主義者を取り締まらないので赤旗事件が起こった、と天皇陛下に密奏（ひそかに奏上すること）したとされる。このままなら皇室まで危険が及ぶと天皇を脅して、西園寺内閣をつぶしたとする、いわゆる山県による西園寺内閣の「毒殺」である。

そのような山県の策謀に嫌気がさした西園寺はあっけなく政権を投げ出してしまう。総辞職した西園寺内閣に代わって、再び山県の傀儡《かいらい》ともいうべき第二次桂太郎内閣が成立した。桂内閣は、二年前の電車事件の被告が保釈で出獄していたのを取り消し、再び入獄させるなど、その反動ぶりを発揮した。西川光二郎、大杉栄、山口孤剣らの同志が懲役一年半に処され、大杉栄は赤旗事件と併合して重刑になった。

一方、そのころ、大逆事件の裁判の際、大審院の検事として幸徳秋水、松尾卯一太らを裁くことになる平沼騏一郎が司法制度調査のため欧州に派遣され、無政府主義者の取り締まりについて研究していた。

「欧州大陸では無政府主義者の活動に弱らされた。火つけはする。破壊はする。人殺しはする。暗殺はやる。これには当時の大陸の政治家は余程頭を使っていた」

（『巣鴨獄中談話録』平沼騏一郎）

平沼は、皇室否定や体制転覆につながりかねない無政府主義が日本でも広がることを懸念し、無政府主義者に対する憎悪と恐怖は欧州視察で確固たるものになった。

平沼は一八六七（慶応三）年、美作国《みまさかのくに》（現岡山県津山市）藩士の家に生まれた。帝国大学法科大学（現東京大学法学部）を首席で卒業後、司法省に入り国家官僚のエリートコースを歩いていた。

大逆事件後、第三次桂太郎内閣成立と同時に一九一二（大正元）年十二月二十一日、司法次官から検事総長に昇格した。検事総長、大審院長を歴任後、一九二三（大正十二）年に法相に就任する。政界進出を図り、右翼団体・国本社を結成し、天皇崇拝を主張する。軍人らの期待を集め、二・二六事件後に枢密院議長となり、一九三九（昭和十四）年一月五日に首相に就任した。平沼内閣は八カ月の短命だったが、平沼は日本が敗戦するまで重臣として司法、政界に大きな影響力を持ち権力の中枢にいた。戦後は天皇崇拝の国家主義者、陰謀家として断罪され、東京裁判でA級戦犯として終身禁錮刑の判決が下された。

大逆事件の捜査では松室検事総長が病気になったため、代理として民刑局長兼大審院検事の平沼が指揮を執った。平沼は宮下太吉の爆裂弾密造を幸徳秋水の逮捕と結びつけて、二十四人の死刑判決まで拡大させた大逆事件の司法側の最大の黒幕である。大逆事件後、出世街道をひた走り司法と行政の頂点を極め、日本を太平洋戦争へと導いていく。

赤旗事件の公判

「サカイヤラレタ　スグカエレ」

郷里の土佐で療養しながら、ロシアの政治思想家で無政府主義を唱えたクロポトキンの『麺麭《パン》の略取』の翻訳をしていた幸徳秋水は、赤旗事件で同志らが逮捕されたという通知を受け取り、すぐさま上京を思い立った。家人に著書刊行のために、しばらく上京すると言って、土佐を出発したのは一九〇八（明治四十一）年七月二十一日だった。秋水は途中、紀州和歌山の新宮に寄り道して、大石誠之助を訪ねた。

大歓迎を受けているうちに新宮で十日ほど過ごした。毎日のように秋水を信奉する青年ら、高木顕明、峯尾節堂、成石平四郎、崎久保誓一が大石邸に集まって来た。八月一日には、秋水の送別会があり、大石のほか、成石平四郎、沖野岩三郎らが参加し熊野川に舟を浮かべてエビすくいに興じた。後になって、秋水がこのとき大石に爆弾の製法を聞いたとされた。

大石らに別れを告げ、新宮から東海道をのぼる途中、箱根に寄って林泉寺に同志、内山愚童を訪ねた。愚童と一夜を語り明かした秋水が、赤旗事件の公判に間に合うように、東京に着いたのは八月十四日だった。この東京までの旅が、後に大逆事件に結び付けられていく。

翌十五日、秋水は東京地方裁判所で開かれた赤旗事件の公判を傍聴した。堺利彦、大杉栄、荒畑寒村ら十四人の被告人が入廷した。管野スガ、神川マツ子、小暮れい子、大須賀さと子の女性四人も並んでいた。秋水が傍聴のために姿を現すと、法廷内はざわめき、傍聴席からは「あいつが首領の幸徳秋水だ」と声が上がった。被告席の同志たちは一斉に振り返り秋水に精いっぱいの笑顔を見せた。そのとき、熊本から上京した新美卯一郎と志賀連も傍聴席にいた。

その年の八月二十九日、東京地方裁判所で判決が下った。それは予想をはるかに超えた厳しいものだった。同年九月五日、堺利彦、大杉栄、荒畑寒村らは千葉監獄に収監された。堺、山川、森岡永治は重禁錮二年、大杉は二年半、荒畑は一年半、ほかは半年から一年というものだった。女性は執行猶予と無罪だったが、東京で活動していた社会党員の主なメンバーが囚われてしまった。

傍聴を終えた秋水は、二六新報社の守田有秋がいた柏木（現北新宿）の家を借りて落ち着いた。「平民社」の表札を出すと、同志たちが顔を見せるようになり、「赤旗事件で獄中にいる同志に差し入れの世話をする」と熊本評論社から飛び出していた坂本清馬が住み込んだ。九月に入ると、赤旗事件で無罪放免となった管野スガも立ち寄るようになった。公判が終わると、新美卯一郎も宮崎民蔵に連れられて幸徳秋水を訪ねた。

一九〇八（明治四十一）年九月二十五日には、大阪平民社解散後に大阪監獄に入獄していた森近運平が上京し、平民社に食客《しょっかく》となり秋水に協力していた。秋水の周りが若い同志者らで賑やかになると、警察の監視もますます厳しくなり、四六時中、人の出入りに目を光らせていた。そのような警察の露骨な嫌がらせに恐れをなした大家から追い立てられ、平民社の表札を持って引っ越さざるを得なくなった。同年九月三十一日、秋水は友人の小泉三申の斡旋で東京府北豊島郡巣鴨町大字巣鴨二〇四〇番地の平屋に落ち着いた。三畳、四畳半、六畳の四間、家の周りを生垣が囲んでいた。山手線大塚駅の高いホームに立つと平屋の巣鴨平民社の建物が見えたという。人家はまばらで雑木林に包まれ、農家と野菜畑が点々としていた。

巣鴨平民社と滝不動

二〇二二（令和四）年、六月十九日。

ＪＲ大塚駅北口を出ると、高さ十メートル以上はあるソフトクリームコーンのようなモニュメントが目の前に現れた。もともとこの辺りは巣鴨村だったのだが、一九〇三（明治三十六）年に大塚駅が開業すると駅周辺の地名は大塚に変わった。〝おばあちゃんの原宿〟と呼ばれる巣鴨商店街は徒歩で十分ぐらいだが、駅前ロータリーの現代的なモニュメントの先には新しいビルが整然と並び、駅前は下町情緒を感じられない。

巣鴨平民社があった一角には、現在十一階建てのＲ＆Ｂホテルが建っていた。その一階部分に山下書店があった。文芸書、歴史書、雑誌、学習参考書、絵本、コミックなど幅広い分野の本が書棚に所狭しと並んでいる。文房具も置いてあり、いつの間にか姿を見なくなった昔ながらの何でも揃っている大型書店である。おまけに二十四時間営業している便利さだ。

入口付近の一番目立つところに、東京の文化、歴史を紹介する書籍コーナーが設けられていた。書棚に並ぶ本や店の雰囲気から地元の歴史や文化に対して意識が高いのが分かる。このコーナーからして書店員も歴史文化に詳しいに決まっている。迷うことなく、レジにいる三十歳ぐらいで長髪の男性書店員に巣鴨平民社があった場所を尋ねた。書店員は当たり前のようにノートパソコンを開き、すぐに調べてくれた。

「明治時代の巣鴨二〇四〇番地はこのビルの裏手ですね。真裏にある滝不動の辺りでしょう」

そう言いながら、滝不動まで案内してくれた。中華・ベトナム料理「世界飯店」の看板がある雑居ビルとR＆Bホテルの高層ビルの谷間に白壁の立派なお堂が建っている。何とも不思議な空間である。あいにくシャッターが閉まり、中には入れなかったが、入り口に由緒書きが掲示されていた。


「滝不動の由来」


かつて、豊島区地域の東側ほぼ北西部から南東部に向けて谷端川《やばたがわ》が流れていた頃、現豊島区北大塚一丁目十四番付近の谷端川沿いに石造不動明王立像があり、地元の人々の信仰を集めていた。川の流れが小さな滝のようになっていた場所に位置していたため「滝不動」と呼ばれていたという。

ところが、昭和十（一九三五）年頃に行われた谷端川の暗渠《あんきょ》化工事に伴い、「滝不動」は所在場所の近隣居住者（北豊島郡巣鴨町二〇四〇番地）の個人所有となり、敷地内で維持管理されるようになった。その後、アジア太平洋戦争中の昭和二十年四月十三日に空襲の直撃を受け、台座部分を残して破損してしまった。

昭和三十年頃、かつての所有者が石造不動明王座像として再造立し、空襲の際に破損を免れた台座に据え、所有者敷地内（南大塚三丁目二十八番）に安置した。
その後、平成十一（一九九九）年九月の所有者自社ビル建築に伴い、石造不動明王像も当地に移設されたのである。（後略）

平成十一年十月　　東京都豊島区教育委員会

由緒書きにある番地からして、巣鴨平民社は「滝不動」のすぐ近くにあったのは間違いなさそうである。一九三五（昭和十）年ごろまでこの付近には川が流れ、小さな滝があったところに人々が祀っていた石造不動明像があった。その石像は第二次世界大戦の空襲で破損したが、立像を座像に再造立して、立派なお堂を建て今も大切に安置されている。きっと巣鴨平民社があったころも、人々の信仰を集めた不動明王像はあっただろう。それを思うと、不動明像を拝めないことが残念で、心を残しながら滝不動を後にした。

滝不動前の狭い道に沿って都電荒川線の線路が走っていた。線路を渡ると表通りとはまったく違う昭和レトロの懐かしい雰囲気が漂うようになり、道行く人たちはアジア系外国人が多くなった。

明治末期、小さな滝の近くに巣鴨平民社があり、若い社会主義者たちが幸徳秋水に会うためにひっきりなしに訪ねて来ていた。その中に松尾卯一太がいた。

冊子『入獄記念・無政府共産』

幸徳秋水は巣鴨に落ち着くと、土佐でやり残していた『麺麭の略取』の翻訳を完成させ、出版しようとしたが、どこの出版社も弾圧を恐れて引き受けるところがなかった。やむを得ず平民社から出版し、その届けをすると、すぐ発売禁止の処分にあった。そのうえ、出版届を出す前に印刷し発売頒布したとして、発行名義人の坂本清馬が起訴された。

秋水に対する官憲の監視は、以前に増して強化され、巣鴨平民社の前の家を借りて、数人の刑事が昼夜交代で見張っていた。訪問者が巣鴨平民社を出ると、すぐ刑事が飛び出してきて呼び止め、名前、住所、職業などを聞いて手帳尾行録に書き込み、少しでも怪しいと見るとどこまでも尾行した。

巣鴨平民社には、刑事の厳しい見張りにもかかわらず、若い同志が毎日集まってきて、炬燵《こたつ》に入って雑談や議論をしていた。常連は森近運平、坂本清馬、岡野辰之介ら男性陣と、管野スガ、大杉栄の妻堀保子、神川マツ子ら女性陣もちょくちょく顔を出していた。常連の森近は大阪から出て来て、しばらく平民社にいたが、近くに家を借りて引っ越していた。代わりに坂本が秋水の書生として巣鴨平民社に同居していた。

炬燵談義はたいてい赤旗事件で入獄している同志たちの消息か、山県有朋、桂太郎体制打倒の手段などの話で白熱した。赤旗事件の復讐心に燃え、強力な破壊力を持つ爆弾を手に入れ、直接行動で革命を起こすと息巻いた。しかし、現実的な話ではなく、ただ勝手気ままに口にしているにすぎなかった。ただ管野スガだけは、赤旗事件の取り調べで受けた屈辱を晴らすため、真剣に復讐を考えていた。

箱根から巣鴨平民社を訪ねて来た無政府主義者の僧侶内山愚童は、持参してきた小冊子『入獄記念・無政府共産』の見本を見せた。愚童は赤旗事件の重い判決が下ると、「入獄記念」の原稿を一気に書き上げ、印刷機を購入し、試しに刷ったものだった。印刷はムラがあり読めないところもあったが、その内容は非常に過激だった。政府攻撃ばかりでなく、寄生的な地主批判、さらには、誰も手を付けようとしなかった天皇制の問題を持ち出していた。

「今の政府を亡ぼして、天子のなき自由国にするということが、なぜ謀反人のすることでなく、正義を重んずる勇士のすることであるかというに、今の政府の親玉たる天子というのは、諸君が小学校の教師などからだまされているような。神の子でもなんでもないのである…」

愚童は、天子なき自由国の理想を説き、その中に自作の歌まで入れていた。

巣鴨平民社に集まった若い同志は、その歌に曲をつけて喜んで合唱した。

愚童は、『入獄記念・無政府共産』を千部印刷し、巣鴨平民社にあった読者名簿を借りて全国の同志に配布した。名簿には、和歌山の大石誠之助、熊本の松尾卯一太、愛知の宮下太吉など全国各地の社会主義者リーダーや活動家の名前が載っていた。

巣鴨平民社があった付近、現在の JR 大塚駅北口前

「滝不動」が入っている白壁のお堂

『熊本評論』終刊

赤旗事件で多くの同志らが逮捕されると、すぐに『熊本評論』は裁判の模様などの記事を掲載した。第二十七号（一九〇八年七月二十日）は第一面トップで検挙者救援の寄付金募集の記事を載せた。すると救援活動が社会秩序を乱すということで熊本警察署から告発された。赤旗事件の報道と被告支援活動は、官憲から厳しい目を向けられたが、卯一太は弾圧に屈することなく、第二十八号（八月五日）の「同志諸君に訴う」（刑事被告人救護）、「本紙告発せらる」、「爆裂弾」、「広島より」など赤旗事件の報道を続けた。そのため第二十八号もまた告発された。いずれも控訴し、卯一太は取り調べ、公判にわずらわされながら編集、発行を続けた。その間、卯一太は熊本市新町の熊本評論社をたたみ、家族と共に実家のある玉名に戻った。

一九〇八（明治四十一）年八月十日、発売頒布禁止の行政処分を受け、さらに八月十七日には発行兼編集人の松尾卯一太に各職それぞれ罰金二十円と『熊本評論』の発行禁止の司法処分が下った。しかし、卯一太は第二十九号（八月二十日）「赤旗事件の公判筆記」、第三十号（九月五日）「第二回公判の全面報道」、第三十一号（九月二十日）「悲愴なる最後の法廷」と、赤旗事件の公判を伝えた。

そして、第三十一号も発行禁止の行政処分を受け、『熊本評論』は発刊から一年三カ月、第三十一号でついに力尽きた。卯一太は最後の抵抗として、最終刊第三十一号は全ページ赤刷りで発行した。最後の「社告」で、弾圧に屈することなく熊本評論社は解散せず、新しい機関紙を出すことを宣言した。

終刊の『熊本評論』第三十一号は、松尾卯一太に代わり、古庄友祐が発行兼編集人を務めた。そのため古庄は大逆事件の際、家宅捜索を受け熊本地裁で厳しく尋問された。卯一太が処刑された後、一九一一（明治四十四）年十二月、上海に渡ると、南京で孫文の革命軍傷病者の救護に従事した。

松尾卯一太は、『熊本評論』第二十七号の記事に関して控訴を取り下げ、一九〇八（明治四十一）年九月二十一日に軽禁錮一カ月の刑が確定した。第二十八号に対しても十月十日に刑が確定し、九月二十五日ごろ、卯一太は熊本監獄に入獄した。

同年十月二十五日ごろ、禁錮一カ月の刑期を終え、熊本監獄から出てきた卯一太は、『熊本評論』終刊号で告示したように、新しい機関紙の発行を思い描いていた。その資金調達のため、松尾家に伝わる家宝を志賀連に託した。ところが、上京した志賀はそれを現金に換えて使い込んでしまった。志賀は新美卯一郎の幼なじみで、熊本評論社の社友であり、卯一太とも親しかったため信頼されていたが、その信頼を裏切ったようである。そのため、出獄すると卯一太は、その解決のため志賀を追って上京した。

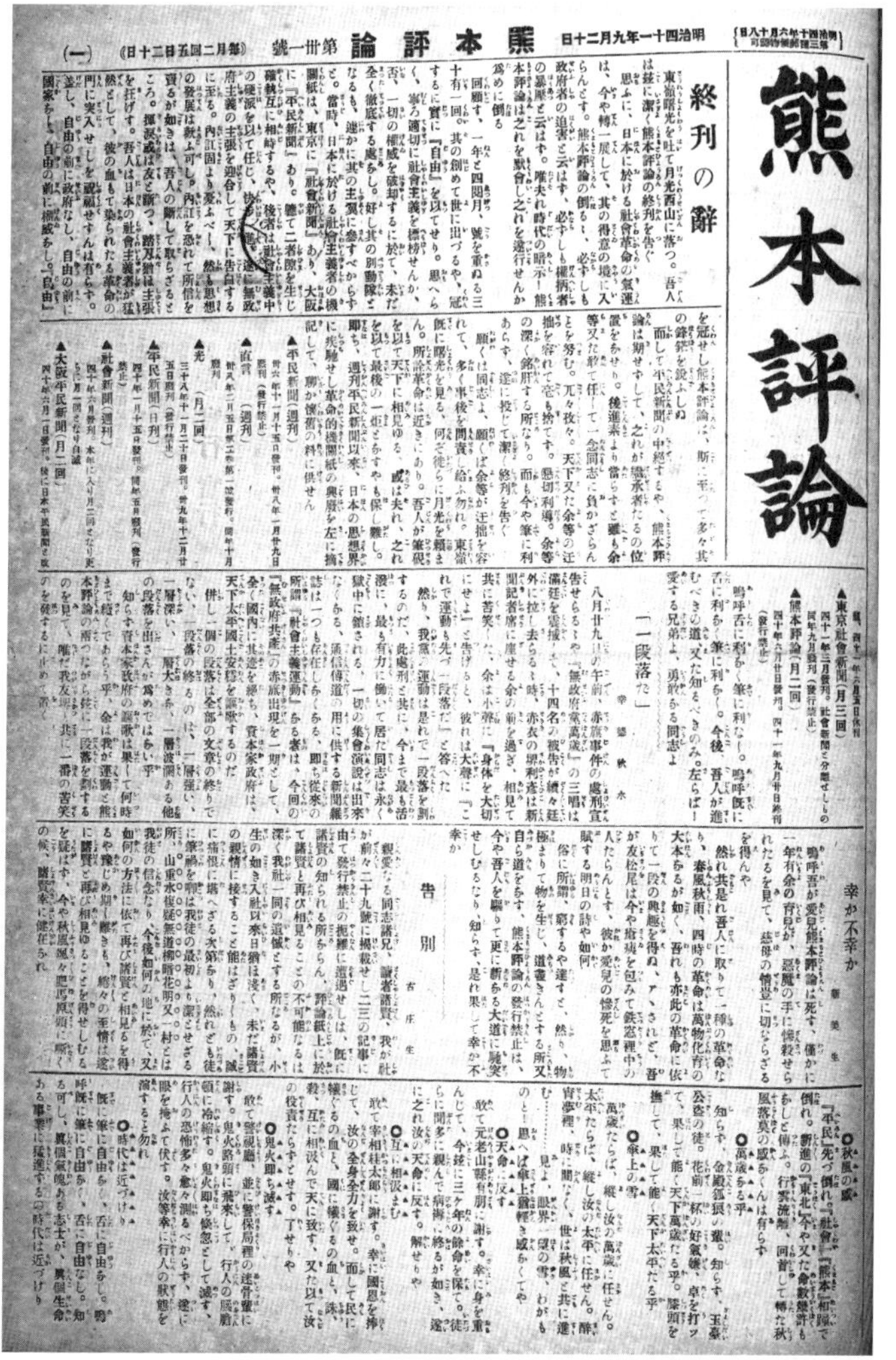
明治四十一年九月二十日 熊本評論 第三十一號 （一）

熊本評論

終刊の辭

東海曙光を吐て月光西山に落つ。吾人は茲に漸く熊本評論の終刊を告ぐ

思ふに、日本に於ける社會革命の氣運は、今や轉一展して、其の得意の境に入らんとす。熊本評論の倒るゝ、必ずしも政府者の迫害と云はず、必ずしも權柄者の暴壓と云はず。唯夫れ時代の暗示！熊本評論は之れを默會し之れを遂行せんか爲めに倒る

回顧す、一年と四閲月、號を重ぬる三十有一回。其の創めて世に出づるや、冠するに實に『自由』を以てせり。

一段落だ

告別

幸か不幸か

『熊本評論』終刊号。実物は赤刷り（熊本県立図書館所蔵）

「十一月謀議」のストーリー

一九〇八（明治四十一）年、十一月。

紀州新宮から大石誠之助が上京し、神田神保町の椎葉重吉の家に滞在しながら、最新の医学の書籍や医療器具の店を見て回り購入した。椎葉は鶯亭金升《おうていきんしょう》の流れをくむ狂句の同門だった。大石は自ら碌亭《ろくてい》永升と号して、狂句をひねるような風流人でもあった。

同月十九日、東京での用件を片付けた大石は、巣鴨平民社を訪れて秋水を診察した。大石の診断では腸結核だった。このままだと二、三年の余命だと思ったが、本人には黙っていた。

大石の来訪を喜んだ秋水は、歓迎の茶話会を二十二日の夜に開いた。集まったのは守田有秋、川田倉吉、岡野辰之介、森近運平、坂本清馬、新村忠雄、管野スガ、堀保子、神川マツ子らだった。のちに、大逆事件の取り調べが始まると、検察はその日に天皇に爆裂弾を投げつける謀議をしたはずだと推測し、出席者に根掘り葉掘り尋問したが、何も出てこなかった。そのため謀議は十九日に大石が秋水を診察した日に行われたことに変更した。秋水、大石に森近運平が加わり三人で、天皇を爆裂弾で襲撃する謀議が行われたことにした。

大石が秋水を訪ねたころ、松尾卯一太も志賀を追って上京し二十日間ほど滞在した。その間の十一月二十三日と二十五日の二度、巣鴨平民社の秋水を訪ね、新しい機関紙の発行について相談した。二十三日は宮崎民蔵と一緒で、二十五日は一人だった。そのときの大石と卯一太の巣鴨平民社訪問の記録が警察の尾行録に残っていた。のちにこれを見つけた検事が、熊本と和歌山から、同じ時期に二人同時に秋水を訪ねたということは何か不穏な話をしたに違いないと疑った。

「熊本の巨魁《きょかい》と紀州の巨魁が、二人同時期に幸徳秋水を訪ねたということは、何か秩序を乱すような危険な計画を企てたに違いない。それは天皇に危害を与えるために『決死の士』を集めるための謀議に間違いない」

検察はそのようなストーリーを組み立てた。

それに沿った供述が誘導尋問や脅しによってつくられていった。

「幸徳は平民社において、大石と私に向かい、政府の迫害が甚だしいから、決死の士を募り、爆裂弾その他の武器を与え、暴力の革命を起こし、諸官省を焼き払い、二重橋に迫って番兵を追い払って、皇居に侵入し、皇室に危害を加えたいという相談をしました。大石も私もそれに同意しました」と森近が述べたという調書が残っている。

調書がとられたのは、謀議があったとされた日から約一年七カ月後の一九一〇（明治四十三）年六月である。時がたち、記憶があいまいなところに、高圧的な取り調べに、「私は記憶にないが、秋水がそう言っているのならそうかもしれない」などと森近が答えたことは、検事の誘導尋問の内容がそのまま供述になった。大石は秋水と二人だけで、森近はいなかったと主張しているのに、誘導尋問によって得た証言を都合よく作文し、三人同席の謀議に仕立て上げた調書がつくられた。

大石が秋水を診察した数日後、卯一太がたまたま巣鴨平民社を訪れた。卯一太は秋水に新しい機関紙発行のことを相談しに行ったのだが、そのとき秋水から大石、森近と話し合って決めた天皇に爆裂弾を投げる計画を聞き、それに協力することを約束したとされた。

紀州、熊本、大阪の社会主義者リーダーが同じ時期に巣鴨平民社に集まり、秋水の天皇襲撃計画に同意し実行のため全国で「決死の士」を集めることを決めた—この「十一月謀議」のストーリーをもとに大逆事件がフレームアップされていった。

そして、卯一太が熊本に帰り、秋水の革命話を東京の土産話として、新美卯一郎、飛松與次郎、佐々木道元の三人に話した。そのことが、天皇襲撃の陰謀に同意し、決死隊に志願したとされ、三人は共犯者に仕立て上げられた。

一方、紀州でも、大石が東京から帰って催した新年会に成石平四郎、高木顕明、峯尾節堂、崎久保誓一の四人が参加した。その新年会の席で天皇襲撃計画が話し合われ、全員協力することに同意したとされた。

『平民評論』発禁

東京から帰った卯一太は、新機関紙『平民評論』の発行に向けて動き出した。平民評論社の看板を掲げると、卯一太の家には田村次夫や佐々木道元らが顔を見せ、活気が出てきた。

誰に頼むか問題だった新聞の発行兼編集人は飛松與次郎が引き受けた。最初は松尾宅に頻繁に出入りしていた佐々木道元に頼んだが、母親の強い反対を受けたため断られた。

そのため、記者の就職を手紙で卯一太に頼んでいた飛松與次郎に当たってみることになった。飛松は、実家近くの熊本県鹿本郡来民《くたみ》町（現山鹿市）の小学校の教員をしていた。子どものころから作文が得意で、文筆で身を立てるのが夢だった。『熊本評論』の読者だったが、熱心な社会主義者ということではなく、文学好きの青年だった。

新美卯一郎が、勤務先の来民小学校を訪ね、『熊本評論』の後継紙となる『平民評論』の発行兼編集人になることを打診した。飛松は新聞記者を志望していたので、快く承諾した。このことが、文学好きの青年飛松與次郎を過酷な人生に向かわせるとは誰も考えていなかった。

一九〇九（明治四十二）年三月十日付けの『平民評論』創刊号は店頭に並ぶ前に発行禁止となった。熊本市迎町にあった印刷所秀栄舎で刷り上がった『平民評論』を人力車に載せて、白川に架かる長六橋にさしかかると警官に囲まれ、積んでいた機関紙は全部押収された。間もなく朝憲紊乱《ちょうけんびんらん》の罪名で告発され、編集兼発行人の飛松と印刷人の卯一太の二人は熊本裁判所に召喚された。

四月十七日に編集兼発行人の飛松はそれぞれの職について罰金三十円の判決、印刷人の卯一太は無罪だった。判決を不服とした検察側は控訴し、七月三日、飛松にそれぞれの職務に禁錮四カ月、罰金五十円、卯一太には禁錮一年、罰金百五十円の判決を下した。新聞発行に対する刑としてはあまりにも重いものだった。二人は上告して争おうとしたが、大審院は十月二十一日に棄却した。同年十一月十七日、卯一太と飛松の二人は熊本監獄に入獄した。

ところが、服役中の卯一太は幸徳秋水一派の天皇襲撃計画事件に連座して、翌一九一〇（明治四十三）年七月二十日ごろ東京監獄に移送された。飛松は同年七月十五日に禁錮八カ月の刑期を終えたが、罰金を払えず労役服役中の七月末、大逆事件の取り調べのため東京から出張してきた武藤済検事の尋問を受け、脅しに屈し事実に反することを自白した。

復刻版の謎

雪野建作の父精一と徳永維一郎の母校、玉名高図書館の郷土書コーナーの書架に『熊本評論』を見つけたときは、「まさか、学校の図書館にあるはずはないし…」と自分の目を疑った。手に取ってみると、それは『熊本評論』そのものではなく紙面を縮刷合本した復刻版だった。

本物の『熊本評論』はタブロイド判ほどの大きさだが、復刻版は、B5判、三百五十八ページ、二千九百円である。巻末には『平民評論』創刊号、『自由思想』(創刊号、二号)、『東北評論』(創刊号、二号、三号)も載っている。玉名高図書館にある『熊本評論』復刻版は、松尾卯一太の従兄徳永右馬七が持っていたものが原本となる貴重な一冊である。

『熊本評論』は徳永右馬七が大切に保管していたものを長男維一郎が受け継ぎ、松尾卯一太の取材に訪れた宮本謙吾がそれを預かった。宮本は『大逆事件と肥後人』に「熊本評論の上京」の項目で次のように書いている。

「筆者の手もとに預かっている『熊本評論』は創刊号から終刊号まであるが、残念なことに十七号だけが抜けている。(昭和三十年)五月十七日、東京大学教授土屋喬雄博士の希望により、熊本大学法文学部助教授森田誠一氏が携行して上京、史料編纂所においてマイクロフィルムに撮影された」

それから七年後、一九六二(昭和三十七)年七月に明治文献資料刊行会によって『「熊本評論」明治社会主義資料集別冊(2)』として復刻版が発刊された。玉名高図書室にある復刻版はそのとき印刷された中の一冊で、図書室には一九六三年二月七日に収蔵された。ところが、その復刻版には、抜けていたはずの第十七号が載録されている。

その謎について、上田穣一がこう述懐している。

「ある時、顔なじみの熊本市子飼橋そばの古書店の老主人が『阿蘇から出た熊本評論一揃いを鈴木茂三郎さんにお譲りした』と話してくれた。第十七号収載が可能だったわけが分かったように思えた」（『熊本社会運動史研究』）

松尾卯一太が命を懸けて刊行した『熊本評論』が、地元の後輩生徒たちがいつでも手に取ることができる図書室の本棚に並んでいる。さぞや松尾卯一太も喜んでいることだろう。図書室の薄暗い郷土書コーナーに明り取り窓から薄日が差してきた。

第七章　不幸な出会い

銃砲火薬店襲撃

一九七一（昭和四十六）年、二月十七日。

「電報、電報ですよ」

午前二時前、栃木県真岡市の薬局を兼ねた塚田銃砲火薬店の勝手口の戸が叩かれた。電報配達員風の制帽を被った革命左派の寺岡恒一の後ろに隠れて、黒のストッキングを頭からすっぽり被った男たちが息を潜めていた。その一番前に雪野建作がいた。

「僕は実行の二日前に、人数は多いほうがいいだろうという理由で追加された。役割は、電話線を切断することと、高校の格技で柔道をやったことがあるので、塚田店主を押さえつけることだった。これはえらいことになった、と思ったが腹を決めた。塚田さん一家にできるだけ苦痛を与えないように申し合わせ、けがなどはさせないように決めたが、そのこと自体がわれわれの後ろめたさを示すものだった。塚田さんのところの出来事を思うと胸が痛む」

雪野建作は、その日のことを鮮明に覚えている。

二月十六日午後七時ごろ、横浜国大の友人から借りたスバルサンバーを尾崎が運転し、真岡市に向かった。途中、笠間市内の空地に停めてあったライトバンを見つけ、ヘアピンでエンジンを直結し盗み出し、雪野が偽造ナンバーを取り付けた。二台に分乗し、塚田銃砲火薬店の約一キロ手前の神社境内にスバルサンバーを駐車し、全員ライトバンに乗り移り、塚田銃砲火薬店裏の円林寺境内に車を停めて機会をうかがった。

「電報です」の声を聞いて出て来た店主が、とびら越しに、「どこからですか」と返答した。「山形から電報です」、寺岡がていねいな声で返した。山形県には本当に親類がいたため、そこからと信じ込んだ店主は、店から認印を取って来て、戸を開けた。メンバーたちが店になだれ込み、雪野が店主を捕まえて、ねじ伏せた。そして用意してきた麻ひもで家族三人を縛り、上からふとんをかけた。

片っぱしから店の棚に保管された銃器、弾丸を奪い、尾崎が寺の境内から店の前に回したライトバンに積み込んだ。全員がライトバンに乗り込み、スバルサンバーを置いた神社境内に引き返した。二台連ねて真岡市の町はずれの田んぼのわきの空地に停めて、スバルサンバーに奪った猟銃と弾薬を積み替えた。

「散弾銃十丁、空気銃一丁、弾は全部で三千発以上あった。店の奥にはライフルもあったらしいけど、弾しか持ってこなかったのでそれは使いようがなかった。銃も弾も重かった。弾五百発が一斗缶に入っていて、六個あったのをオッチラコッチラ車に運んだ」

午前二時四十分ごろ雪野ら四人はスバルサンバーに乗り込み、群馬県館林のアジトに向かって出発した。

尾崎と中島は、警察の目を欺くため、ライトバンで都内に入り乗り捨てるつもりだったが、東京都北区岩淵で検問の網にかかった。検問を強行突破したのは午前四時四十分過ぎだった。しかし電柱に車をぶつけてしまい、車を捨てて二人は逃走した。

その日の昼には、警察犬によってごみ箱に隠れていた二人が逮捕されたというニュースが流れた。中島と尾崎の顔や逮捕されたときの様子が画面に大写しになった。そして栃木、茨城、埼玉、東京の一都三県の主要幹線道路、警察署、派出所に防弾チョッキの武装警官が配置され厳戒体制が敷かれたと発表された。

翌朝の新聞一面トップに、「過激派集団（京浜安保共闘）の犯行―猟銃強奪事件」の大きな見出しが躍った。尾崎と中島は二人とも黙秘していた。しかし、新聞には「尾崎と黙秘の容疑者」の写真説明が付いた二人の顔写真と事件の詳細な記事が載った。

中島と尾崎の逮捕はメンバーにとって誤算だった。銃を運び込んだ群馬県館林のアジトは逮捕された中島が借りていたため、大家に中島の顔を知られていた。永田の指示で、雪野が実行前に借りていた、館林のすぐ近くの太田のアパートに移動することになった。

太田のアジトに銃と火薬を運び込み、寺岡と吉野の二人は永田と坂口がいる土浦のアジトに銃一丁を持って報告に行った。アパートに残った雪野と瀬木の二人は一升瓶を抱えて、床の間に立てかけた銃を眺めながら祝杯をあげた。

「襲撃は首尾よくいき、銃と実弾を多数入手した。大変な闘争をやり遂げたぞ、と二人とも意気揚々だった。しかし、仲間がすぐ逮捕されるという、予想もしなかったことが起こり、最終的に札幌まで逃げていくことになった」

猟銃強奪実行メンバー六人のうち二人が検問で当日逮捕されたので、残りの雪野、瀬木、吉野、寺岡と永田、坂口も共犯として警察に追われる身となった。

当時、雪野は革命左派の機関紙『解放の旗』にこう書いている。

「二・一七（銃砲店襲撃）は日本人民が初めて武器を手にした偉大な闘いである」

それから五十年後の「連合赤軍事件から五十年集会」において、雪野は当時を振り返ってこう発言した。

「この（銃砲店襲撃）動機が後々から考えると、山の総括リンチにつながる根源になった。そのとき塚田さんの子どもたちも含めて、家族を縛りあげた。その一年後には自分の恋人や兄弟、同志を同じように縛りあげ、それだけでなくて暴行を加え死に至らしめるところまでしている。銃砲店襲撃のとき、すでに後の崩壊につながる芽が表れている」

正しいと信じて革命運動に身を投じた雪野だったが、ここから破滅に向かって突き進んでいく。

札幌潜伏

捜査網が群馬県を含む一都六県に拡大され、アジト発見のためのアパート・ローラー作戦が始まったというニュースが流れた。あわてて群馬から脱出することを決め、雪野らは太田のアパートをすぐ出ることにした。新潟の長岡に借りた永田と坂口のアパートに、雪野、瀬木、吉野、寺岡が集まった。ところが長岡のアパートも危ないということで、そこもわずか一日で移らざるを得なくなった。秋田や青森が候補地に挙がったが、永田の一言で北海道に逃げることになった。

「どうせ秋田や青森に行くのなら、北海道まで行こう。そのほうが安全だ」

スキーヤーの格好をして、当時旅をする学生の間で流行していた横幅の広い〝カニ族リュック〟に分解した銃を隠した。人数が多いと目立つため、雪野と寺岡、瀬木と吉野、永田と坂口がそれぞれペアを組み移動することにする。青森から青函《せいかん》連絡船で北海道に渡り、一九七一（昭和四十六）年二月二十三日に倶知安《くっちゃん》の駅で落ち合うことを決め、三十分ずつ時間をずらしアジトを出た。雪野が共に行動した寺岡は、横浜国大工学部の同じクラスで、穏やかな性格で釣りが趣味だった。寺岡を革命左派に引っ張ったのは雪野だった。

雪野らは汽車を乗り継いで青森まで行った。

「寺岡は気が小さいので不安そうな顔をしていた。深刻そうに頭を抱え込んでいたのを見た車掌が不審そうに見るので、『もうちょっと楽しそうな顔をしろよ』と言ったことを覚えている」と雪野は振り返る。

青森から青函連絡船に乗り、一路函館へ向かった。二等船室の丸い窓には雪が吹き付けて何も見えなかった、雪野はそのときのことを詠んでいる。

暗き夜に蝦夷地を差して落ちゆけり連絡船は吹雪にゆれつ

函館から倶知安駅までの汽車の窓から見える広大な原野の雪景色に見入った。二月二十三日の朝、倶知安駅で六人は合流し、無事に北海道にたどり着いたことを喜び合った。翌二十四日に札幌で落ち合うことにして、再び分散して汽車に乗り込んだ。

札幌に着いても、何のあてもなかったので、永田の大学時代の知人の家を訪ねた。

「厚かましくも突然の訪問に、相手はびっくりしていた。それでも何も言わずに食事を作ってくれた。食事後、ひそひそ話で話し合い、大きな荷物をもってウロウロするのはよくないので、近くの定山渓《じょうざんけい》に銃を埋めることにした」

定山渓は札幌から車で一時間ぐらいの温泉地で近くにスキー場もある。翌日、雪野らは早々と永田の友人宅を出た。永田と坂口は銃を入れるビニール袋や乾燥剤などを用意するため町に残り、雪野ら四人は定山渓に行き、スキー客を泊めるロッジに泊まった。ロッジの奥にある豊羽鉱山に三十分ほど入った、川が交差している場所に銃をビニールに入れ、ガムテープでしっかり巻いて、雪の下の土の中に埋めた。

雪野らは札幌に戻りアジトを探すため、北海道大やベ平連（「ベトナムに平和を！　市民連合」）のたまり場に行き、助けてくれる人を見つけて、その人たちのアパートや雀荘を転々とした。

北海道大の受験生を装い旅館に泊まったとき、雪野が新聞を手にすると、「銃砲店強奪事件四人と銃の行方追う」の大きな見出しと自分の顔写真が目に飛び込んできた。雪野、永田、坂口、寺岡の四人が全国に指名手配されたことが四人の顔写真とともに大きく出ていた。このときは、まだ瀬木と吉野は共犯者に割り出されていなかった。

「自分の顔写真を新聞で見たときは、たしかに心細いなどと言うのもおろかな心境だった。永田はもっといい写真はなかったのかしら、とか言っていた」


新聞に手配を知りし雪の朝老いたる父母は何思うらむ

三月三日、「貸し部屋あります」の張り紙で見つけた賃貸物件に落ち着いた。札幌駅の北にある二条市場近くだった。

「不動産屋を通さずにやっと入り込んだのは、棟割り長屋の不思議な間取りの年代物の建物だった。ガラス戸の枠が黒く塗られていたので、昔は遊郭だったんじゃないかな」

玄関に半間の土間があり、隣に流しがあった。四畳半と六畳の二間があり、トイレは共同で外だった。まったく日が差さず、隣の部屋とはベニヤ板一枚の壁で隣の様子が筒抜けだった。床も畳ではなくビニールが敷いてあり、デコボコでしかも傾いていた。

寝具がなかったので、スキーウエアを着こんで、ストーブを真ん中に放射状になってみんなで一部屋に寝ていた。三月といっても、札幌は雪で寒さも厳しかった。雪野は風邪を引き発熱したことがある。

「永田だけ電気毛布を持っていたのだけど、僕が風邪で寝込んだときそれを貸してくれたことがある。電気毛布一枚でずい分暖かくて助かった」

六人で暮らしていることが分からないように、共同トイレは極力使わないことにしていた。室内で洗面器を使って済ませ、それを流し台から流した。指名手配書が貼ってある銭湯には行かず、湯を沸かして体をふいていた。買い物はそのとき手配されていなかった瀬木が買い出しに行き、ほかの五人は一歩も外に出なかった。楽しみは食事だけだったが、主食は麦飯、パンの切れ端がつまった一袋五十円のもの、インスタントラーメンで、副食はたいてい味噌をけちった薄い味噌汁だった。

コーヒーをみんなで飲むときは、雪野が入れた。

「よし、僕が入れる」

と言って、器のどんぶりに熱いお湯を注いで温めてから、コーヒーを入れる。雪野のこだわりのコーヒーは、「雪野が入れたのはインスタントでも格別おいしい」とみんなに好評だった。ときどき、永田が外に出たとき、お土産にひと山五十円の少し傷んだ果物を買ってきた。雪野にはそれが何よりのごちそうだった。

一日中六人は部屋にこもり、すべての新聞を購入し目を通し、ラジオのニュースを聞き、捜査状況を追っていた。ラジオからは、藤圭子の「圭子の夢は夜ひらく」、ジローズの「戦争を知らない子供たち」、ソルティーシュガーの「走れコウタロー」が流れていた。

札幌での潜伏生活は、三月三日から五月末まで三カ月近くにおよんだ。


潜み居る古長屋にも春は来ぬ窓を埋みし雪も消えけり

そのころ赤軍派が金融機関に強盗に入る「M作戦」を実行していたこともあり、戦後最大規模の全国一斉捜査が行われる。それは、全国二十五万人の警察官のうち四万五千人を動員して、旅館、モーテル、駅の待合所など全国二十五万カ所の一斉捜査だった。全国すべてのアパートを虱潰《しらみつぶ》しにするローラー作戦はすでに進められていた。革命左派ばかりでなく、赤軍派も追い詰められていた。

そうした捜査を逃れるために、永田が「中国へ渡って根拠地を築く」と言い出した。坂口はすぐに同意した。

永田はあっけらかんとしてこう続けた。

「指名手配されている者は全員が中国に渡る。必要に応じて日本と行き来し、中国から日本の闘争を指示する」

雪野は中国行きの方針には懐疑的だった。

「永田は中国に行ったら、銃はいくらでも貰えるという。日本と国交もない時代に、亡命者を強制送還はしないかもしれないが、武器を渡すことは絶対にあり得ないことですよ。日本で潜行できないということは、日本では革命はできないということですから」

みんなで、中国行きの方針について議論したとき、雪野は永田にそのように反論した。それに対して永田は次のように言うだけだった。

「日本では銃の訓練もできない。戦闘団的傾向を持っている私たちの問題は国内では解決できない、それじゃどうすればいいの。代案を出してほしい」

それに代わる計画があるわけではなく、雪野は強引な議論に押し切られた。

「中国行きの方針に関しては、僕にも責任があった。どうも納得いかないと思っていながら、それを突き詰めて考え抜かず、永田ら指導部に説得されたかたちになった。結局は、自分の頭を使って考えるより、指導部に方針を出してもらうほうが楽だった」

そして、永田が〝銃の質〟ということを言い出し、今後の方針を打ち出した。

「銃を手にして初めて分かった。〝銃の質〟を獲得しなければ武装闘争は前進できない。武装闘争の目的は敵の殲滅《せんめつ》である」

雪野は、それを聞いたときのことを振り返って、今も苦々しそうに話す。

「『銃を手にして初めて分かった』なんて、そんな馬鹿なことはない。銃は鉄の道具だし、持つ人の意志で使い方が違う。何の意味もない感情論で、何の説得力もない。ところが次第にそれで行こうということになってしまった」

指導部の銃を軸とした武装闘争の方針についても、雪野は絶対反対だった。当時の雪野はこう考えていた。

「肝心なのは銃か爆弾かといった武器の選択ではなく、それを通じてどのような政治的効果を生み出すかということであり、人民の自覚を高め、民衆を引き付けるような武器闘争をすべきだ」

雪野は徹底的に議論するつもりだったが、それが指導部に受け入れられなかった場合はどうするか、そういうところまでは考えていなかった。

「指名手配されていたので、組織を離れて闘っていくことは困難でしたし、そういうことは考えていなかった」

札幌アジトでは吉野、寺岡も、銃を軸とした武装闘争と中国亡命について反対だったが、自説を曲げない永田にやむなく従うような状況だった。六人が一つ部屋で暮らし、一歩も外に出られない潜伏生活に疲れ切り、栄養失調と逮捕の恐怖から正常な判断力が低下していた。

山岳ベース

永田の中国行きの方針が東京の半合法部メンバーに伝えられると、ほとんどのメンバーが、「指導部は頭がどうかしている。理解できない」と反対だった。そのため永田と坂口が説得するために上京することになった。そのとき赤軍派から、東京でのアジト確保に協力するという申し出があった。赤軍派は何人かの支援者がそれぞれ四、五カ所のアジトをいつでも用意してくれるルートを持っているというので、東京でのアジトは赤軍派に頼ることになった。

四月二十日、永田と坂口は変装して札幌を離れた。二人は赤軍派から紹介された支援者のところを転々と泊まり歩きながら、中国行きを反対する半合法部メンバーの一人一人に会い、説得していった。それでもなかなか合意を得られないばかりか、いよいよ赤軍派によるアジトの確保も行き詰った。至るところに手配写真が貼ってあるため、都内での潜行は気が休まることがなく、二人とも疲れ切り、中国行きの方針もぐらついてきた。

「都内にアジトを持つのは難しい。山しかない」と言い出したのは坂口だった。坂口は、ナチス占領下でフランスのレジスタントが山に潜伏したという歴史を思い出し、山中をアジトにすることを思いついた。永田は共立薬科大時代にワンダーフォーゲル部だったので、毎日寝場所を求めて東京を歩き回るより、山でのテント生活のほうがましだろうと考えた。

「それしかないかしらね」

永田は答え、ワンダーフォーゲル部の訓練で行ったことのある、東京に近い奥多摩にある雲取山を山岳ベースの候補地に提案した。

その後、永田と坂口は、革命左派の数人に山岳ベース案の了解をとる一方、赤軍派の森恒夫と会い、山岳ベースを築く費用として三十万円のカンパを頼んだ。森はカンパの見返りとして、銃二丁を求めた。赤軍派はM作戦により資金は豊かにあったが、銃を一丁しか持っていなかった。革命左派は銃を持っていたが、寝袋を買うお金にも困っていた。両者の利害が一致し取引が成立した。それは、まだ革命左派と赤軍派との共闘ではなかった。

永田も坂口も理論家でなかったので、理論家で口が達者な赤軍派指導者の森恒夫は二人を軽く見ていた。赤軍派は革命左派の理論的なことを馬鹿にしていたし、森は永田らをオルグするつもりでいた。

一九七一（昭和四十六）年五月中旬、雲取山に山岳ベースを造ることを決めた数日後、札幌に潜伏している寺岡恒一に連絡を取り、雲取山登山口のバス停で落ち合うことになった。永田と坂口がバス停に着くと、寺岡が待っていた。寺岡は再会のあいさつを交わすと、すぐに「討議したい」と意気込んで言った。寺岡は札幌で潜伏していたメンバーで取りまとめた内容として、永田の「銃を軸とした闘い」の主張を批判し、指導部の改組案を持ち出した。

寺岡は、「銃に固執するのはナンセンス。爆弾も使うべきで、百五十名規模の前段階武装蜂起を組織すべき」と主張した。改組案は、永田は最高指導者の地位から退き、機関紙編集に選任する。坂口を統一戦線の担当者にし、寺岡が軍の委員長となり、革命左派の代表になるというものだった。それは大衆路線に立脚しない武装闘争の非現実性を指摘したものだったが、永田は党建設や根拠地建設の一般論で反論し、寺岡の批判を抑え込んだ。寺岡は、前段階武装蜂起の提起を自己批判し、改組案を引っ込めた。

翌日、永田、坂口、寺岡の三人は雲取山の山頂目指して登山した。そのとき、山荘の主人から麓の小袖鍾乳洞に廃屋になったバンガローがあることを聞き、そこを山岳ベースに使えないかを見に出掛けた。奥多摩湖に流れ込む川の上流にある小袖のキャンプ場跡に使われていないバンガローが多数あり、大きな集会場や管理棟もそのまま残っていた。そこに山岳ベースを設けることを決めた。永田と坂口は小袖キャンプ場跡に設けた小袖ベースに落ち着くとすぐに札幌に残っていた雪野建作、吉野雅邦、瀬木政児の三人を呼び寄せた。

六月一日、雪野らが小袖ベースに到着。三人は一網打尽に逮捕されることを警戒し、別々の電車に乗ってきた。雪野は実弾が入った箱を詰め込んだ重いショルダーバックを肩に担ぎ、瀬木は分解した銃を入れたトランクを下げていた。

「三カ月余り、日も当たらないアジトに暮らしていたので、実にすがすがしい、晴れ晴れする気分だった」

雪野は、大声で話せる自由な空間を喜んだ。

そして、雪野ら三人はすぐに坂口を相手に論争を始めた。そのとき永田は、半合法部メンバーを山岳アジトに入るよう説得するために東京に行っていた。

坂口は、そのときの様子をこう述べている。

「雪野君らが結集すると、また論争が始まった。寺岡君同様、札幌で用意してきたことを発言しなければ気が済まないという感じだった。しかし、寺岡君がすでに永田さんと私の側についており、また彼らの間で意見対立が起きたりして、寺岡君との論争の時のような険しい空気にはならなかった。それでも論争は延々と三、四日続き、容易に決着をみなかった」

坂口が思ったように、雪野、寺岡ら札幌居残りメンバーは、永田と坂口が上京したのち、議論を重ねた。そのときのことを、雪野はこう話している。

「指導者として、あの二人は心もとないということがあり、三人で対策を話し合った。吉野は三里塚闘争をやりたかったようで、その現場でいきなり銃をぶっ放すのは現実的でない、爆弾闘争をするべきという意見だった。僕は、どういう武器を使うのかは中心ではない。政治的な効果を実現するためには、武器はあくまで二次的な問題で、銃が軸というのは本末転倒という主張だった」

瀬木は活動歴が短く、銃の重要性を認めていたので、すぐに坂口の主張に同意した。吉野と坂口はかなり渡り合った結果、吉野は自分の主張を取り下げ、銃を軸とする闘いに同意した。

しかし、雪野は容易に納得しなかった。

「雪野君の論点はハッキリしなかったが、反米愛国路線を強調し、軍事よりも政治に重点を置くべきだ、ということが言いたかったようである。彼は容易に納得せず、彼との論争は延々と続いた」

雪野はそのときの坂口との論争についてこう言っている。

「しんぼう強く、坂口君を説得したが、坂口は激怒した。つかみかからんばかりの勢いで『なぜ今ごろになってそんなことを言い出すんだ』などと大声を出した。彼はいくら口をすっぱくして説いても、興奮するばかりだった」

雪野と永田の論争

雪野らが論争している最中、向山茂徳と杉崎ミサ子の二人が小袖ベースに入った。浪人中の向山は諏訪清陵高校のときの同級生岩田平治に誘われて一九七〇（昭和四十五）年の春から京浜安保共闘の活動に参加していた。向山は浪人しながらお茶の水にある語学専門学校アテネフランセなどに通っていた。革命左派が山岳ベースの設置を決めた直後に、軍メンバーとして誘われていた。火炎ビン闘争やダイナマイト闘争を果敢に闘ったかどうかが、革命左派における兵士の評価の一番の基準だった。向山は群れるのが苦手な個人主義者で、文学好きの青年だったが、行動は過激なところがあり、七〇年六月の安保闘争での火炎ビン投擲《とうてき》が永田ら幹部に評価されていた。

合法部門である京浜安保共闘で活動していたメンバーは、銃砲店襲撃を前に非合法体制を取るように、指導部永田らから潜行の指示を受け、三つのグループに分かれ地下に潜行した。大槻と向山、金子、伊藤和子らのグループは、千葉県の郊外大貫の海に近いアジトなどで二カ月以上共同生活をしていた。そのとき大槻と向山は次第に惹かれ合っていった。大槻の恋人渡辺正則は、上赤塚交番襲撃で重傷を負い、逮捕されて獄中にいた。そのため大槻は向山に好意を持つ自分を嫌悪し、向山に対して反発しながらも、彼を激しく求めていることに苦悩していた。しかし、じきに二人は愛し合うようになった。

山に入った向山はすぐに永田に「大槻さんと結婚したい」と相談した。

「結婚の意志が二人のものなら認めざるを得ないけど、渡辺さんにも了解をとらなければならないわね。そのためにも、向山さんも大槻さんも共にゲリラ路線のもとで頑張って闘い抜くことが必要よ」

永田は向山に向かって諭すように進言した。

六月二日、永田に連れられて、金子みちよ、目黒慈子、早岐やす子の三人の女性メンバーが小袖ベースに着いた。翌日、小屋建設が終わり、ひと段落してから銃の問題について全員で討論することになった。小屋の中心に置かれた大きなテーブルの周りに革命左派のメンバー、永田洋子、坂口弘、寺岡恒一、吉野雅邦、雪野建作、瀬木政児の札幌潜伏メンバーを始め、半合法部の前沢虎義、向山茂徳、金子みちよ、杉崎ミサ子、早岐やす子、目黒慈子ら十二人が顔を揃えた。

「銃を軸にした武装闘争」について全員で話し合われたが、まだ同意していない雪野と永田の討論が中心だった。

いろいろやりとりがあったが、雪野の主張は一貫していた。

「反米愛国路線を強調しない武装闘争に反対である。銃は武器の一部にすぎず、銃を建党建軍の中心におくのは唯武器主義である」

この雪野の発言に、永田は衝撃を受け、否定することはできないと思った。しかし、永田は反米愛国路線を強調する必要は認めても、銃を中心に置かない建党建軍は認めることはできなかった。そのため、「反日反動権力打倒のための銃を軸にした建党建軍武装闘争というように打ち出すべきというのなら、それはその通りだし認める」と言って、雪野の主張を取り入れた妥協案を示した。

雪野は、永田と討論したときのことを今もよく覚えている。

「僕の意見を聞いていた永田が一瞬ひるんだのを覚えている。僕の主張が正しいと思ったんじゃないかな。しかし二日二晩討論したが、全く議論にならず通じなかった。銃を軸にした軍事一点張りだった。ただ政治目的を実現するために銃を使うことに僕は否定していなかった。今は銃を使う必要はない。米軍が打撃を受けるような物的損害を与えるべきと思っていた。その点で僕自身の理論に不徹底なところがあり、方針は間違っているとは思わなかったし、意見は違うが、最終的には多数決で従うしかないと妥協した」

雪野はまったく意見を聞こうとしない指導部に絶望しながら、いつか分かるときが来るだろう、と一縷の希望をつないでいた。

「組織としては間違った方向に進んでいる。ただ、今それを主張しても受け入れられない。だから一度大きな壁に突き当たるまで待つしかないと思っていた」

まさか、それが予想をはるかに上回る惨劇となる、自滅への壁に向かって突っ走るとは、そのとき雪野は夢にも思わなかった。

印旛沼殺人事件

六月六日、小袖鍾乳洞で銃の実射訓練が行われた。その訓練中、向山茂徳が手洗いに行くといって鍾乳洞を出たまま帰って来なかった。逃走の理由は、「テロリストとして闘えても、ゲリラ闘争を持久的に闘うことはできない。小説を書きたいし、大学にも行きたい」ということだった。数日後、今度は早岐やす子が下山したいと言い出した。医師の恋人に会うためだった。そのときは永田やほかのメンバーに説得されて諦めた。その後も脱走を試みたが、坂口が無理やり引き戻した。早岐は長崎県佐世保市出身の日本大学看護学院の学生で、当時まだ二十歳だった。京浜安保共闘に参加したのは一九七〇年六月ごろだった。日大闘争に刺激されて、同学院でも闘争が起きていた。早岐は友人と一緒に学院の教育方針に抗議してハンガー・ストライキをしてそれがもとで退学処分となった。早岐はゲリラ闘争を強く支持し、ダイナマイトさえ恐れない度胸があるため、永田が高く評価し、オルグして小袖ベースに連れてきた。

六月九日、十日、近くの山梨県丹波山村の丹波ヒュッテで革命左派の拡大党会議が二日にわたって行われた。参加者は、小袖ベースにいた十一人のほか、半合法部の岩田平治、加藤能敬、大槻節子、伊藤和子、中村愛子、救対活動をしていた京谷健司、浜崎、尾崎充男の全員で十九人だった。寺岡の司会で、初めに永田が、「銃を軸にした建党建軍武装闘争」について報告し、その路線のもと前進して行くことを全員で確認した。最後に全員の前に銃が出されると、みんなが集まりワァーワァー歓声を上げながら、銃を手にしたり、肩にあて撃つまねをしたりした。

会議が終わると、酒を飲みながら歓談することになった。酔いが回ってくると、ますます賑やかになり、肩を組んでインターナショナルを歌ったり、大声で話し合ったり、大変な盛り上がりようだった。その中で、早岐は誰とも話さず、一人で酒を飲んでいた。

逃走した向山の高校の同級生で革命左派に誘った岩田平治は、その席で坂口に向かって、「向山を放っておいていいんですか」と聞いた。坂口は、「そうせざるを得ない」と答えた。のちに坂口は、「この時、何らかの対策を立てておれば、あるいは二カ月後の向山君の悲劇は免れたかもしれない」と回想している。

大槻節子は、恋愛関係にあった向山の逃走のことを初めて永田から聞かされた。永田は、「向山さんとの関係を清算し、渡辺正則さんの関係を大切にしたらよいと思う」と最後に付け加えた。大槻はこの言葉にはあいまいな態度だったが、「頑張って闘っていきます」と答えた。のちに、大槻は永田のことを、「恋愛のことを知らない人」と評している。永田は、同志間の恋愛しか認めず、男女の自由な恋愛感情については理解がなかった。

拡大党会議後、大槻節子と加藤能敬の二人が新たに山岳ベース入りした。

その後、それぞれの任務のため何人かがベースを離れた。ベース入りしたばかりの大槻は、任務引継ぎとカンパ集めのために上京した。雪野も、統一戦線担当として、黒ヘルグループ（セクトに所属していない戦闘グループ）と接触し、オルグするため、大槻の後を追って東京に向かった。

小袖ベースに入って以来、途絶えていた赤軍派と会合を持ったのは、獄中の川島豪から、「花園紀男ら獄中の赤軍派幹部の一部が反米愛国になったから、赤軍派との新党を考えてみたらどうだ」という手紙が届いたのが発端だった。

一九七一（昭和四十六）年七月十三日、小袖ベースで革命左派の永田、坂口、寺岡と赤軍派の森、坂東が共闘を組む前に党史交換を行った。その後、森が両派の軍事組織を統合した「統一赤軍」の結成を提案した。革命左派の三人は、「森が毛沢東の評価や銃による武装闘争に歩み寄った」と評価し提案を受け入れた。

七月十五日、革命左派と赤軍派が統一赤軍を結成した。これは両派の軍を統合したものではなく両派の軍の共闘のための組織だった。赤軍派が提案した「統一赤軍」という名称に対して、獄中の川島豪が変更することを強硬に主張した。

「名称を連合赤軍にすればよい。そうしない場合は離党する」

永田らは名称変更の理由が分からず混乱した。

同じ日、革命左派は山岳ベースを小袖から山梨県塩山近くの西沢渓谷に移した。この塩山ベースは木の上に屋根代わりのビニールシートをかぶせただけの粗末なものだった。永田と坂口が塩山ベースに着き、革命左派のメンバーに統一赤軍の結成を告げると、「本当か、万歳！」などの歓声が上がった。

しかし、その日の午後、革命左派にとって衝撃的な事態が次々と起こった。食事が終わったころ、先にベースに到着していた大槻が真剣な顔で、永田に報告した。

「脱走した向山は下山後、登山服のまま親戚の家に行ったが、その家には京浜安保共闘をマークしている私服刑事が出入りしている。向山はその刑事と酒を一緒に飲み、山岳アジトのことをどこまで話そうかとスリルを楽しんでいる。そのうえ、山岳ベースのことを小説に書こうとしている」

永田は、大槻の報告を聞いて驚いた。

「向山の行動は組織への敵対そのものであり、大変な問題だと思った。冷静に考える余裕などなかった。山岳ベースで〝銃の質〟を勝ち取らないで下山する人はこのような敵対する行動をとることになるのだ。何とか必要な対処をしなければならない」

永田が大槻と話し終わって小屋に戻ると、瀬木が息を切らして駆け込んできた。

「早岐が調査中に脱走した」

殲滅《せんめつ》戦のため交番襲撃の調査をしていた早岐が姿を消した。

ただちに全員で対策が協議された。

「下山するのは自由でないか」

前沢虎義が意見を述べると、永田と激しく口論となった。

結局、全員で協議した結果、二人の脱走者の処置については、牢屋をつくって監禁することになり、塩山ベースを知る脱走者対策として、神奈川県の丹沢へのベースの移動を余儀なくされた。そのとき永田ら指導部は向山と早岐の二人を処刑するところまでは考えていなかった。

永田が二人の処刑を決断したきっかけとなったのは、赤軍派のリーダー森恒夫と会合を持ったときに、永田が脱走問題を相談したことだった。永田、坂口が森に連絡し、新党結成に向けて何度か話し合ったときのことだった。

「実は赤軍派でも同じ問題が起きている。われわれは殺《や》ることにした。スパイや離脱者は処刑すべきだ」

森はきっぱりと言い切った。

これを聞いて、永田と坂口は二人を処刑するしかないと踏ん切りをつけた。永田、坂口、寺岡の三人が協議して早岐と向山の処刑を決めた。八月四日未明、墨田区向島のアパートに杉崎と金子が早岐を呼び出し、酒を飲ませて睡眠薬で眠らせ、小嶋和子（山岳ベースで死亡）が運転する車で眠り込んだ早岐を印旛沼に運んだ。小嶋はほかに運転免許を持っている者がいなかったので理由を聞かされずに突然運転を命じられた。寺岡、吉野、瀬木が首を絞めて殺害して埋葬した。

八月十日、杉崎と大槻が東京都小平市のアパートに向山を呼び出した。寺岡、吉野、瀬木の三人が小嶋の運転でアパートに行き、暴れる向山を取り押さえた。引きとめ役だった金子、杉崎の女性たちも手伝う格好になった。向山と恋愛関係だった大槻はグデングデンに酔っ払っていた。向山をタオルで絞殺し、印旛沼に運んで埋めた。小嶋はその後精神状態がおかしくなった。瀬木も恋人のもとに行き、活動を辞めたいと言い出した。やがて脱走し、名古屋で逮捕されることになる。

先行する言葉

「やったのか！　もはやあいつら革命家じゃないよ。頭がおかしくなったんじゃないか」

永田ら革命左派が向山と早岐の二人を処刑したと聞いた森は思わず声を上げた。

森が処刑しようとした女性は、恋愛関係にあった赤軍派メンバーに同行しM作戦（銀行強盗など）に協力していたが、逃亡生活に疲れて自首すると洩らしていた。そのため、「スパイや離脱者は殺せ」と森は赤軍派革命戦線責任者の青砥幹夫に命じた。しかし、青砥は処刑することに気が進まず、「組織を離れるように」とだけ言って見逃した。

青砥は、「そんなこと、できるわけがないだろう」と、殺さずに逃がしたことを報告すると、森はそれを聞いて、「それでいいよ」と言っただけで、叱責することもなかったという。「処刑する」と断言した赤軍派は口だけで実行しなかった。

赤軍派は、内実に詳しいほかのグループからは「世界同時革命」など大言壮語が多く、口先だけでいい加減とされていた。そのような赤軍派の「処刑する」といういい加減な言葉を、いったん口にしたことは必ず実行する生真面目な革命左派の指導部永田、坂口、寺岡らは、真に受けてしまった悲劇だった。

向山と早岐の二人が処刑されたとき、雪野建作はオルグ活動のため東京にいた。

「二人については大槻さんから聞いていた。そのときは、二人を合法組織で活動させたらいいと言った記憶がある。処分はやむを得ないと言ったような記憶もある。明確な記憶はない。事柄によっては映像ではっきり覚えているのだが、ただ二人の処刑については聞いた覚えはあるが、あんまり覚えていない。内心そういうことを思い出したくないということがあって、無意識に記憶が抑圧されているのかもしれないけど…」

雪野は、永田が森に二人の処刑について相談していたことを、後で聞かされた。

「そういうことは部外者に軽々しく相談することではない。このとき、森は頭脳、永田は心臓という、すごく不幸な組み合わせができてしまった」

雪野は、今もそのことを悔しそうに話す。

森は処刑しなかったことが負い目となり、革命左派より強い、実行力があると思わせて優位に立とうと、革命左派に対して強気の発言をするようになる。そして森は、革命左派から主導権を奪おうとするために言動がどんどん過激になっていった。


一九七一（昭和四十六）年、八月十八日。

革命左派の丹沢ベース（神奈川県）に赤軍派の指導者森恒夫、青砥幹夫、行方正時《なめかたまさとき》（山岳ベースで死亡）、山田孝（山岳ベースで死亡）が来て、両派の合同会議が開かれた。都内で組織部として活動していた雪野と川島陽子（川島豪の妻で革命左派活動家）も参加した。

最初に永田と坂口が、「連合赤軍」への名称変更を申し入れ、赤軍派の指導者森恒夫が受け入れた。その後、組織部は独自に会合することになった。

雪野はそのとき初めて森と会った。それが最後で一回しか会っていない。

丹沢の野営地は雨が降っていた。そこで雪野は一晩過ごした。そのとき赤軍派の森恒夫と山田孝らが来ていた。革命左派の女性陣が「山岳アジトで子どもを産んで育てる」という話をすると、森が、「そんなムチャな。できるわけないだろ」と言った。

すかさず、革命左派の大槻節子ら女性メンバーに「我々には看護婦も保母も先生もいるのでできる」と言い返され、赤軍派の連中がタジタジになった。

そのとき金子みちよが妊娠しており、夫吉野雅邦はすでに二度堕胎させていたので三度は絶対中絶させたくないと、合同会議の三日前にみんなの前で公表した。永田は「歓迎する」と言い、山で出産、育児をすることを承認していた。

森はそのときの大槻らとの歓談の中で、「なぜ革命戦争を闘うのか?」と問い掛け、彼女らの答えをすべて一蹴し、「世界革命のためだ。その答えが出ないのは反米愛国路線のためだ」と批判した。

雪野は、森と永田の関係についてこう話している。

「森恒夫は言語化する能力はあり、言葉が先行していた。それで永田は森に傾倒するが、革命左派のほかのメンバー、坂口や寺岡ら幹部も懐疑的だった。革命左派は行動力と影響力があった。それで一緒にやろうと言ってきたのは赤軍派だ。森は影響力を持っていたけれども、それは赤軍派にとどまっていた。永田が森に心酔し、川島豪から乗り換えた。言葉が先行する森と論理に弱く心情や感情で引っ張る永田との組み合わせがカタストロフィ(悲劇的結末)を迎えた大きな原因だと思っている」

翌八月十九日、雪野は山を下りて、連絡任務のため東京に戻った。

雪野の逮捕

一九七一（昭和四十六）年、八月二十一日深夜。

雪野は、髪を伸ばしてパーマをかけ、ヒゲをたくわえて変装し、常に私服刑事に尾行されていないか神経をとがらせていた。しかし、恐れていた警察の捜査網はじわじわと雪野の身辺に迫っていた。

「新宿で雪野に似た男を見た」

警察が都内の不動産業者などに捜査協力を依頼していたところ、情報が二、三件続いた。その情報をもとに、警察は過激グループが連絡場所としてよく利用する喫茶店を中心に張り込みを続けていた。

雪野らしい男が新宿区新宿二丁目の雑居ビル内の喫茶店「ピクニック」に入るのを捜査員が突き止めた。雪野は変装し長い間の潜伏生活でげっそりやせていたが捜査員は見逃さなかった。

「雪野さんだね」

いきなり声を掛けられ、一瞬驚いて逃げようとしたが、すぐに取り押さえられた。その際、雪野は左胸のポケットに入れていたノートの切れ端に書いたメモを飲み込もうとしたが、捜査員が無理やり口から吐き出させた。それには、暗号数字に交じって千葉県山武郡芝山町「三里塚芝山連合空港反対同盟」と書かれた下に同盟員の名前と住所が書かれていた。後日、同盟員宅の家宅捜索が行われ、約三時間徹底的に調べられた。

雪野と一緒にいた反戦組織、世田谷叛乱《はんらん》軍責任者の元早大生も犯人を隠した現行犯で逮捕された。

「新宿の喫茶店に来ることを事前に知られていた。飛んで火にいる夏の虫ですぐ捕まった。警視庁の留置所に入れられたが、ずっと黙秘を通した」

九月中旬、真岡市の塚田銃砲火薬店の件で起訴され、逮捕された直後に取り調べられていた警視庁から東京拘置所に移送された。

「真新しく、明るい感じの独房だった。死ぬほど退屈だったが、拘置所生活は物質的には野営地よりはるかに楽だった。粗末な給食も、山の〝野戦食〟と比べるとはるかに上等だった。山で奮闘している仲間たちのことを考えて、すまなく思った」

そのころまでは獄中の川島豪を指導者として全面的に信頼していた。

翌一九七二（昭和四十七）年二月二十日ごろから裁判が始まった。

「あさま山荘がドンパチやっていたとき、刑務官が二人で連れに来てね。刑務官が、連合赤軍は射撃が正確だね、と話していた。その言いようが、けしからんではなく、本当に感心しているようで、同じ権力機関なのに機動隊の肩を持たないのかと疑問だった」

雪野は、刑務官らの世間話を聞きながら、あさま山荘で現実に起こっていることを冷静に受けとめていた。

「よくやったという思いはまったくなかった。むしろ敗北だと感じた」

しかし、山で同志十二人が亡くなったことを、獄中で知ったときは狼狽した。

「わけが分からなかった。永田が発狂したとしか思えなかった」

毎日、夕方のラジオから、苦楽を共にしてきた同志たちの遺体が発見されたニュースが流れてきた。

「総括リンチの惨劇を知り、計り知れない衝撃を受けた。ラジオのニュースに耳を覆いたくなり、徹底的に打ちのめされた」

山で起きたことは余りに無残で、雪野の想像を絶したものだった。

雪野は指導者として信頼していた川島豪に衝動的に電報を打った。

「ナガタハキガクルッテイル」（永田は気が狂っている）

川島から返電があった。

「ゲリラノテッソクドウリニシタノデハ」（ゲリラの鉄則どうりにしたのでは）

雪野は、それを見るなり無性に腹が立ち、電文を床にたたきつけた。

「いわんとするところは『裏切者や動揺分子を処刑した』ということだろう。何より寺岡君をはじめとした犠牲者を裏切者扱いしていることに怒りを通り越して茫然とした。川島は、疑う余地のない破局に直面しても、それを認めることができない、盲目的な勇ましいだけのテロリストだ」

しばらくして怒りの嵐が去っていくと、頭の上を覆っていた暗雲が一挙に晴れたような気がしたという。

「それまで私の提案はすべて川島豪に退けられてきたことも、もはや不可解なことではなくなった。川島に批判されることも少しもこわくなくなった。そして過激であればあるほどよい、という極左の呪縛から解放された」

武装闘争を堅持する理由は何一つなくなり、革命左派にとどまる意味もなくなった。路線の違いは決定的となり、雪野は獄中から離党届けのハガキを出した。

離党は、論争の終結ではなかった。獄中の同志、獄外の同志、家族、友人に、次々と手紙を書いて送った。少し時間はかかったが、数年ならずして獄中のメンバーのほとんどが川島豪に叛旗《はんき》をひるがえした。

雪野は懲役十年の実刑判決を受けるが、刑期が満了する一年半前に仮釈放となる。

一九八〇（昭和五十五）年十二月、福岡刑務所を出所した。

第八章　フレームアップ

大逆事件発端の地・明科

一九〇二（明治三十五）年に長野市の篠ノ井駅から長野県塩尻市の塩尻駅まで結ぶ篠ノ井線が開通して東筑摩郡中川手村（現長野県安曇野市明科《あかしな》）に明科駅ができると、駅前を中心に賑わい始めた。一九〇九（明治四十二）年十月、駅近くに建設された長野県大林区署の直轄官営工場明科製材所が開業した。明科は木材の町としてますます活況を呈し、商店や旅館が繁盛した。

製材所が開業する四カ月前の一九〇九（明治四十二）年六月十日、機械工の腕を見込まれて、愛知県の亀崎鉄工場から来た職工宮下太吉が明科駅に降り立った。宮下は明科に着くと、駅前の吉野屋旅館に宿泊し建設現場に通った。三カ月後には、駅から少し離れた田園の中の藤原三津蔵宅に引っ越し、次いで大通りに面した望月仙十酒屋の長屋に入った。そして、工場が開業してからは、荒物屋山正へ移った。

宮下は、明科に来る前から社会主義の活動をしており、すでに警察当局からマークされていた。駅前にあった明科駐在所の小野寺巡査は、宮下が赴任して三日目には建築事務所を訪ねた。以来、小野寺巡査は宮下に張り付き、常に行動や郵便物をチェックした。

二〇二二（令和四）年、十一月二十日。

日曜の朝、長野駅北陸新幹線改札口を出ると、乗り換え広場は家族連れや団体旅行のグループで賑やかだった。少し離れた在来線改札口に向かうと、急に人はまばらとなり静かになった。私は明科駅までの切符を買って、松本行きのJR篠ノ井線各駅停車の二両ワンマン電車の一番前の窓側の席に座った。出発するころには、学生や一人旅の外国人らで席が半分ほど埋まった。空はどんよりした雲に覆われていたが、車窓からはリンゴ畑が広がっていた。稲荷山駅を出ると景色は一変し、紅葉した深い山に囲まれた。日本アルプスの急峻な谷間を上り続け冠着《かむりき》トンネルを抜けると視界が明るく広がった。長さ二六五六メートルの冠着トンネルは、開通した当時は日本で最も長いトンネルだったという。

ぐんぐん勾配を登ると姨捨《おばすて》駅が見えたが、電車はそのままホームを通り過ぎて停止した。どうしたのかと不思議に思っていると、間もなく後進し始めた。急勾配の途中に駅があるため、いったん姨捨駅を通り過ぎてスイッチバックしてホームに停車した。

「ここからの眺めは日本三大車窓の一つに選ばれています」と車内放送が流れてきた。姨捨駅付近からは、眼下に急峻な山々を縫うように千曲《ちくま》川が流れる長野盆地が見晴らせる。残念ながら眺めのいい席の反対側に座っていたので、日本三大車窓の景色をゆっくり楽しむことはできなかった。姨捨駅を出ると、列車は山間を縫うように走り、第一、第二、第三白坂トンネルの三つの長いトンネルを抜けると、すぐに目的の明科駅に着いた。

明科駅はちょうど改装中だった。プレハブの仮駅舎を出ると駅前も工事が行われていた。日曜日ということもあり、道行く人もなく静かだ。駅前の通りは整然と区画されて新しい建物が目立つ。コンビニや喫茶店は見当たらない、ちょっと立ち寄れるような店はなさそうだ。目的の公民館や図書館の開館時間までまだ一時間ほどあるし、周囲を探索することにした。十分ほど歩くと小さな食料品店が開いていた。そこで菓子パンとジュースを買って、店の前にあったベンチに座って食べた。店の看板がなかったので、店の人に店の名前を尋ねた。

「駄菓子のカドヤですよ。本当の屋号は、『よろこぶ』の難しい漢字に『のぼる』と書き、『嘉登屋』です。昔は酒、醤油、魚、肉、焼き芋の食料品や、カンザシ、たばこ、くじも売っていました」と教えてくれた。

駄菓子のほか食料品、日用品などを扱っている個人商店だが、屋号からすると老舗かもしれないと思い、続けて話を聞いてみた。

「明治末にあった大逆事件のことを調べに、九州の熊本から来ました。大逆事件のことを聞いたことがありますか」

「聞いたことはありますが…。この近くで爆弾の実験をして、天皇に投げつけようとしたとかですよね…」

女性店主は昭和二十四年生まれで、二十三歳のとき明科に嫁いできたといい、義祖母に聞いた話をしてくれた。

「お店は百年前ぐらいにはあったそうです。近くを流れる犀《さい》川の船荷が集まり、それを扱う人たちがたくさん来て、昔の明科はそれは栄えていたそうです。店の前の通りは、芸者の置屋や旅館、呉服屋などの商店が並び、とても賑やかで、うちの店も繁盛していたそうです。道向かいの家はそのころの建物で、築百五十年の古民家ですよ」

そう言われて、店の前の道に並ぶ家並みを改めて見ると、歴史を感じさせる造りの家が見えた。新しい建物の間に、古い木造の民家と白壁土蔵がポツポツと残っていた。大逆事件発端の地、明科の町は、宮下が職工として働いていた当時の活気はないが、往時の風情は残っていた。

開館時間が近くなったので安曇野市明科図書館を訪ねた。嘉登屋のすぐ裏手にある明科公民館の真向いにある二階建ての新しい建物だった。

大逆事件について調べるために熊本から訪ねて来たことを受付の人に伝えると、青木泰治館長が出てきて応対してくれた。

「図書館にはたいした資料は置いてないですよ」と言いながら、二階の大逆事件関連の書籍を集めたコーナーに案内してくれた。以前の明科公民館には、農民運動研究家の望月桂が『明科町史』執筆のために、明科地区を調べ歩いて蒐集《しゅうしゅう》した大逆事件関係資料が展示されていたが、現在は安曇野市文化課の収蔵庫に保管されているという。

「大逆事件については、えん罪であることがはっきりしているのですが、なかなか分かってもらえないのが現実です。そのため大逆事件を正しく知ってもらうために講座を開いたり、図書館に大逆事件コーナーを設けたりしています」と青木館長は熱心に話す。そして、公民館講座「明科事件に連なる人々」（講師大澤慶哲・明科大逆事件を語り継ぐ会）の資料をコピーして渡してくれた。

「これから宮下太吉が、爆裂弾を試しに投げた場所を探しに行くつもりです」と話すと、青木館長は「爆裂弾実験地は会田川沿いの崖で場所は特定されていないのですよ。歩いて行くには少し距離がありますよ。車で案内しましょう」と言ってくれた。

青木館長が運転する軽トラで実験地に向かった。駅前の国道19号を長野方面に進み、会田川の手前を右折し県道302号線の山間の坂を五分ほど走ると、左手の会田川沿いに黄色く色づいた山肌が見えてきた。宮下が爆裂弾の実験をした場所は川の蛇行が山のふところに食い込むように曲がっている奥まったところだった。

一九〇九（明治四十二）年、十一月三日。

明治天皇の誕生日である天長節の日、明科は朝から天気がよく風もなく穏やかだった。

午後八時ごろ、山の方から異様な大きな音が鳴り響いた。その日の夜、ちょうど松本市で花火が打ち上げられていた。明科にも、花火の音が聞こえていたため、山の方で鳴り響いた音を不審に思う住民はいなかった。そのときの大きな音は、明科製材所の職工宮下太吉が自分で製造した爆裂弾を、近くの山中で実験したときのものだった。

後日、宮下太吉は取り調べのとき、次のように供述している。

「工場から東の方へ十五、六町いった山道の東側の所…山の端で岩のように堅くなっているところへ、五、六間離れた所から投げつけてみたら、約三尺四方くらいの青い光が出たと思うと、一面白煙を以て四燐を掩《おお》い、非常な音響を発したために、私は呼吸が止まり、後ろに倒れんとしました」（宮下調書）

この供述をもとに、宮下が、五、六間（約十メートル）離れた所から岩壁めがけて小さなブリキ缶の爆裂弾を投げつけた場所は、明科製材所から東へ十五、十六町（約千七百メートル）の会田川の「ままこ落し」といわれる所と推測された。

青木館長が、実験地は特定されていないと言うのは、宮下本人が実地検証に立ち会っておらず、正確な場所が特定されていないためである。

松本警察署が実験現場の実地検証をしたときは、宮下がすでに東京に護送されていたため、宮下本人は立ち会っていなかった。そのため警察は実験現場を探しあぐねて、断崖の上から会田川の河原へ投げおろしたと推定した。当時の住民の間には、河原で実験し、会田川の流れに沿って下り、潮地区へ逃げたという噂がささやかれていた。大逆事件の発端である爆裂弾の実験地が確定されないまま十二人もの死刑囚を生んだ裁判が行われた。

しかも実験日についても、『明科町史・下巻』（昭和六十年、東筑摩郡明科町）には、「通説では天長節の晩、会田川べりの『ままこ落し』の崖となっているが、子どもの頃に祖父から十一月二十日明科恵比寿講の晩八時頃、なつな沢の方で花火とはちがう音がしたと聞いた」という古老の談話を載せ、実験日を十一月二十日の明科恵比寿講の花火があった夜という説が紹介されている。実験地についても「ままこ落し」ではなく、そこから二百メートルほど上流の岸辺「なつな沢」を挙げている。

実験地ばかりか実験日についても肝心なことがはっきりしていない。いかに当時の警察の捜査がお粗末でずさんだったかである。宮下本人の供述だけで、ほかに何の証拠も証言もない。大逆事件の唯一の物的証拠である爆裂弾が本当に製造され、その実験が本当に行われたかどうかさえも疑わしいものである。

青木館長が案内してくれたのは、「ままこ落し」がよく見える道路沿いの高台だった。そこからは、宮下が爆裂弾を投げつけた岩壁らしき場所は見えなかった。河原に降りて、宮下が爆裂弾を投げつけたとされる岩壁を間近に見たかったが、ポツリポツリ雨が降り出したので諦め、大急ぎで写真を撮った。

「宮下太吉が勤めていた明科製材所があったところには、新しい公民館が建っています。宮下が住んでいた下宿や明科駐在所も今はなく、当時のものは何も残っていません。それでも年に三、四人の方が大逆事件を調べに来られます。全国に調べる人がまだいるということは、大逆事件は終わっていないのですね」

明科駅まで送ってくれる途中、ハンドルを握る青木館長はしみじみ語った。

爆裂弾襲撃計画

一九〇九（明治四十二）年、二月二十三日。

宮下太吉と名乗る男が巣鴨平民社を訪ねて来た。

宮下は、幸徳秋水らが出していた日刊『平民新聞』を愛読し社会主義に目覚めた。秋水が書いた「余が思想の変化」の記事の中の「社会主義の目的を達するには、一に団結せる労働者の直接行動に依る外はない」という議会政策を否定する直接行動論に感銘を受け、秋水を信奉していた。

秋水の書斎に通された宮下は、秋水を相手に二時間ほど話し込んだ。

「もし天子とか、皇子とか、事が皇室に及ぶことがあれば、世人はたちまち我々の説に反対する。これは世人が皇室に対する迷信を持っているからである。この迷信を打破するには、まず爆裂弾を作り、第一にこれを天子の馬車に投げ付け…」

この宮下の天皇爆裂弾襲撃の話に対して、秋水は冷静に答えた。

「将来その必要もあろう、またそのような事を致す人も出てくるであろう」

秋水は、計画に参加するとも協力するとも言わなかった。そのため宮下は、それ以上は言及しなかった。

「幸徳秋水のその返事を変に感じました。それで私は、幸徳は筆の人で、実行の人ではないと思い、深くは話さなかったのです」（宮下調書）

宮下が、天皇に爆裂弾を投げることを考えるようになったのは、内山愚童が秘密出版した過激な天皇批判が書かれた小冊子を読んだためだった。

一九〇八（明治四十一）年十一月三日、宮下太吉の家に、内山愚童から『入獄記念・無政府共産』が五十部小包で送られてきた。それを読んだ宮下太吉は衝撃を受けた。十一月十日、宮下は東海道線大府駅で、関西巡幸のお召列車の参観に集まった人たちに、「天皇陛下なんて、ありがたいもんじゃありませんよ」と声を掛けながら、『入獄記念・無政府共産』を配って歩いたが、それを受け取る人はいなかった。その反応を見た宮下は、天皇は神様でなく、血の出る人間であることを、爆裂弾によって証明しなければならないと決心した。

宮下は巣鴨平民社を出ると、近くに住む森近運平を訪ねた。宮下は、大阪平民社時代の森近運平から社会主義についていろいろ教わったことがあった。森近は宮下の計画を聞き、「自分には妻子があることだから」と断った。

その代わり、巣鴨平民社の書生として暮らしていた新村忠雄が宮下の天皇爆裂弾襲撃計画に強い関心を示した。

一九〇九（明治四十二）年三月はじめ、秋水は妻千代子と協議離婚し、十八日平民社も巣鴨から千駄ヶ谷に移った。管野スガと新村忠雄も秋水と行動を共にした。新村は四月から、大石誠之助の病院の薬局員見習いとして和歌山新宮に行っていたが、管野の頼みで八月に再び千駄ヶ谷の平民社に戻った。

六月十日には、平民社は発行兼編集人管野スガ、印刷人古河力作名義で『自由思想』を発刊した。しかし創刊号、第二号とも発禁処分となり、すぐ終刊となった。そのころ、入獄中の荒畑寒村と内縁関係にあった管野と秋水が恋愛関係となった。そのことが、入獄中の同志の妻を秋水が奪ったと物議をかもした。ほとんどすべての知り合いの社会主義者は秋水から離れていった。古くからの同志らも離反し、秋水と管野は孤立状態に立たされた。

一方、そのころ宮下は亀崎の工場から信州明科の製材所に職工長として転任することになり、その赴任の途中、千駄ヶ谷の平民社に立ち寄った。このときも宮下は、秋水や管野に天皇襲撃の相談をした。秋水は賛成も反対もせず、新村忠雄と古河力作を信頼できる人物だからと推薦した。その後、宮下は管野、新村と連絡を取りながら、爆裂弾の製法を研究し、同年十一月に信州明科の山奥で爆発実験に成功したとされている。

翌一九一〇（明治四十三）年三月、官憲の迫害と同志の離反によって八方塞がりとなった秋水は、友人小林三申の勧めに従い『通俗日本戦国史』の執筆のため、東京を引き払い、管野と共に湯河原温泉の城屋旅館に引っ込んだ。

同年五月、管野は『自由思想』発禁の罰金が払えず、換金刑に服するため入獄することになり、その前日に新村、管野、古河の三人で最後の打ち合わせを行ったとされる。管野が実行当日の役割を決めておこうと言い出し、二人の投擲《とうてき》者と二人の予備員をくじ引きで決めることになった。不在の宮下の分は新村が代わりにくじを引いた。管野が投擲者の一番、古河が二番、新村と宮下が予備員となった。

古河は、「管野は女性で病弱なので、自分一人に投げさせるつもりかもしれない」と疑った。古河は成り行きで仲間に加わると言ったことを後悔していた。古河は福井県若狭の地主の長男だったが、父が商売で失敗したため、東京滝野川の西洋草花園芸場で働いていた。背が低く一四〇センチぐらいだったため、子どもにみられたという。首相だった桂太郎を刺殺しようと、官邸に忍び込んだが警戒が厳しく実行を断念したという逸話があり、その度胸の良さを見込まれて仲間に入れられた。しかし、宮下太吉には一度も会ったことがなく、計画についても詳しく聞かされていなかった。首謀者宮下がいないところで爆裂弾を投げる順番だけを決めておき、管野が出獄した後に天皇を襲撃することになった。ところが、管野が入獄している間に、かねてより宮下の身辺を探っていた明科駐在所の小野寺藤彦巡査により、爆裂弾製造を探知された。

主義者一網打尽

一九一〇（明治四十三）年、五月二十五日。

明科製材所工場内の天井裏などに注意深く隠された白木の箱が発見された。その中には新聞紙に包まれた薬品類が入っていた。機械台の下からはブリキ缶も見つかった。そのブリキ缶と薬品類が爆裂弾の材料にあたるとして、宮下太吉が爆発物取締罰則違反容疑で松本署に連行され逮捕された。

同日、長野の屋代《やしろ》にある実家に戻っていた新村忠雄も共犯者として屋代署に連れて行かれた。兄の新村善兵衛も、弟が拘引されたことを、湯河原にいた幸徳秋水と、和歌山の新宮の大石誠之助に宛てて連絡しようとハガキを投函するところを検挙された。続けて、宮下が保管していた薬品包みに連絡先として記されていた東京の古河力作も五月二十八日に連行され、二十九日、松本署において爆発物取締罰則違反で逮捕された。

宮下は二十九日になり、馬車で通行する明治天皇に爆裂弾を投げつけるという相談を仲間としていたことを供述し、検事聴取に新村忠雄、管野スガ、古河力作の名を出した。これを契機に刑法七十三条の該当事件として検事総長に書類送検された。

ブリキ缶を宮下に頼まれて作り、自室に薬研《やげん》（薬材を細かく砕くための器具）を預かっていた宮下の職場の同僚新田融も帰郷先の秋田から連行され、松本で六月四日に逮捕された。三十一日には宮下、新村忠雄、新村善兵衛、古河、新田の五人に加え、湯河原に滞在していた幸徳秋水と東京監獄に服役中の管野スガに対し大審院に予審請求されることが決定した。秋水は六月一日に湯河原を離れようとしていたとき、管野は翌日二日に監獄内において逮捕された。

当初は、桂太郎内閣は事件の不拡大方針を取り、六月六日、東京地方裁判所の小林検事正の談話として、各新聞は、「重大事件にて七名拘留、他に連累者無し」と七人だけで事件を収束させる方針を報道した。

ところが、山県有朋らの圧力によって、これを機に社会主義者、無政府主義者を一網打尽にすべきだという方針に変わった。大審院検事総長の松室致、平沼騏一郎次席検事、有松警保局長らは東京地裁に捜査本部を置き、検挙の網は全国に広げられ、無政府主義者、社会主義者と目されたものは、容赦なく拘引し、その数は十月までに数百人に上った。間もなく事件は、天皇に危害を加えようとした大逆罪であることが知らされた。これには社会主義者やそのシンパ、文化人はもちろん一般人にも大きな衝撃を与えた。

強引な捜査

捜査の手は信州から紀州和歌山へと伸びていった。ターゲットは和歌山新宮の医者大石誠之助だった。幸徳秋水や堺利彦らと以前から親しくしており、資産家だったので平民社を資金援助していた。大石が捜査線上に浮かび上がったのは、すでに逮捕された新村忠雄の兄善兵衛が、忠雄の逮捕を大石に伝えるハガキを投函しようとしたことからだった。新村忠雄は大石の病院で見習いとして働いたことがあり、頼りになる人として兄善兵衛に連絡先を教えていた。

一九一〇（明治四十三）年六月三日、大石の医院と自宅が家宅捜索を受け、大石は拘引された。そして、早くも同月八日に東京地方裁判所で第一回尋問が行われた。その中で約一年半前の一九〇八（明治四十一）年十一月に巣鴨平民社を大石が訪れ、秋水の診察をしたことが取り上げられた。そのとき幸徳秋水と森近運平の三人で、爆裂弾による天皇襲撃を話し合ったとされる「十一月謀議」が大逆罪にあたるということだった。

その数日後に松尾卯一太が、同じ話を秋水から聞いたということで、「十一月謀議」に加わったとされ熊本に捜査の手が及んだ。熊本で捜査、拘留が始まったのは、七月二十九日だった。翌三十日、東京地方裁判所から、鬼検事と恐れられた武富済《わたる》検事ら三検事と書記が熊本に出張してきた。検事の尋問はすぐに始まり、八月八日まで連日連夜取り調べが続いた。同日、熊本区裁判所と高瀬区裁判所は県下一斉に家宅捜索を行い、主な人物を拘留した。

卯一太の玉名の実家も家宅捜索を受けた。早朝六時から行われ、社会主義関係の書籍、手紙、ノート、『熊本評論』の発送名簿などことごとく押収された。妻静枝の日記や手紙なども含まれていた。そのとき、ダイナマイトが見つかった。それは卯一太が魚取りのために持っていたものだったが、その理由を捜査当局が認めるわけはなかった。

家宅捜索に立ち会った静枝は、そのまま拘引され熊本区裁判所に連行され、その日のうちに取り調べが行われた。五日間拘留され、その間武富検事らによって、執拗な尋問を受け、心にもない供述を強いられた。幼い二人の子どもと年老いた舅又彦のことが心配で、早く帰りたい一心で検事に言われるままに証言した。その又彦も八月三日から二日間拘留された。

自分の証言が夫の不利になるのではないかと心配した静枝は、八月十日に卯一太に詫びる手紙を書いている。

「何の事件よりしてお取り調べか存じ申さねど、両人（静枝と父又彦）ともお取り調べにあいなり候。平素愚かなる私の事とてご存じ通り主義の話とても只一度も聞きし事なく存ぜず、始めは事実のままを知らぬと述べおりしも、あまり長きに渡り、愛児の事老父様の御事を思い、これには代えられずと思い、心の許さざりしも遂に答えにまかせ知りたる如く返事いたしおきたる事も候。もし東京に於いてお取り調べにあい給いてこの事を聞き給えならば定めしいつわり深き愚かなる女よと心中に独りせめ給う事であろうとお察し致し心苦しき思い候へ…」

まさか、静枝は自らの証言が夫卯一太、まして新美卯一郎まで死に追いやる理由にされるとは思ってもいなかった。この静枝の証言をもとに、卯一太から東京の土産話として幸徳秋水の革命話を聞いたとされた新美卯一郎、飛松與次郎、佐々木道元の三人が、天皇襲撃「決死の士」になることに同意したとして逮捕された。

松尾卯一太と新美卯一郎は、『熊本評論』の中心人物として官憲から目の敵にされていた。飛松與次郎は、運悪く『平民評論』の編集兼発行の名義人となり事件に巻き込まれてしまった。もう一人の犠牲者、佐々木道元は卯一太や新美と親しくしていたが、『熊本評論』に過激な論文を発表していたわけでもなく、社会主義活動家でもない。

佐々木道元が共犯とされた理由を、大阪大学名誉教授の猪飼隆明が即生寺を何度も訪ねて、道元の弟信道の妻敏に話を聞いている。

「敏によれば、権力が目を付けていたのは兄徳母だったが、たまたま大逆事件が起きたとき、シャム（現タイ）に行っていたため、その身代わりとして捕らえられたのではないかということだった」

佐々木道元は、熊本市西坪井の真宗寺院即生寺の住職徳成を父として一八八九（明治二十二）年に生まれた。十六歳年上の兄徳母がおり、徳母は早くから社会主義者として活動していた。道元はその影響を受け、済々黌の学生時代から熊本評論社に出入りしていた。

宮崎民蔵も官憲から狙われていたが、たまたま海外に行っていたため命拾いした。荒尾の家が家宅捜索を受けたときの模様を、民蔵の二男世民が述懐している。当時、世民は小学二年生だった。明日から夏休みという日、学校に行こうと門を出ようとしたとき、見知らぬ男たちに抱きとめられた。

「彼らは家中をひっかきまわし、これはと思うものがあれば、頭目らしい男がやってきて、母に対して極めて傲慢な口調であれこれと質問を始める。『オイ、美似（母の名前）ちょっと来い。これは何だ？』という具合である。彼らは畳をはぎ取り、押し入れのものは全部引きずり出し、はては床の下の土を掘り、便所の糞つぼまでかき回した。本棚にあった父の蔵書の中から、何やらフランス語の書籍や催眠術の本や、母の茶つぼに入れておいた硼酸《ほうさん》などどろくでもないものを押収していった。この見知らぬ男たちは熊本の検事局から来たということがだんだ

ん分かってきた」(『宮崎世民回想録』青年出版社・一九八四年)

そのとき、宮崎民蔵は幸いにも、釜山に住む同志の招きで韓国に渡っていて家に居なかったため拘引を免れた。それから十年以上たって、民蔵は家人にこう語っている。

「時の総理大臣が幸徳事件の連累者として五十何人かの名簿を天皇さんに差し出したげにゃ。天皇さんはあんまり人数が多いので、おれを殺そうと思う者が日本にこげにゃ多いか、とおっしゃったので、総理大臣は平伏して、人数を減らした。それでおれも助かったつげにゃたい」

松尾の友人や松尾家の雇人、隣人なども参考人として取り調べを受けた。

師範を卒業し、高瀬小学校の教師をしていた中川斎もその一人だった。

「三、四歳のころから弟のように卯一太から可愛がられていたし、名前は知らぬが松尾の家には主義者が集まって来ていたし、私も主義者と誤解されて大分調べられました」

暗黒の裁判

一九一〇(明治四十三)年五月二十五日に明科で宮下太吉や新村忠雄が逮捕されたのに始まり、一週間後の三十一日に幸徳秋水、管野スガら七人に対して予審請求(起訴)がなされた。その後、事件の関係者の検挙が続き、七月から八月にかけて松尾卯一太、大石誠之助ら十九人が捕らえられた。同年十二月十日、大審院で公判が始まった。霞ヶ関にある大審院の赤煉瓦の建物は、憲兵と警察官約三百五十人に囲まれ、ものものしい厳戒体制が敷かれていた。午前六時に配布された百五十枚の傍聴券はすぐになくなった。午前八時に正面の鉄門が開いた。

午前九時すぎ、大審院二階の第一号大法廷が開き、新聞記者と傍聴人でいっぱいになった。麹町警察署の警官三十人が壁際に立ち監視していた。黒の斜子《ななこ》橋の紋付羽織袴姿の幸徳秋水を先頭に次々と被告らが入廷した。最後尾の管野スガは頭を銀杏返しに結び矢絣《やがすり》の着物だった。編笠と手錠、腰網をはずされた二十六人は被告席に座らされ、一人一人の間に看守が割り込むように席を取っていた。

午前十時半、花井卓蔵、今村力三郎、平出修ら十一人の弁護人が一団となって入ってきた。続いて、裁判長鶴丈一郎が志方鍛、末弘厳石ら六人の判事とともに被告席を見下ろす裁判席に座った。松室致検事総長、事件を陰で操っていた平沼騏一郎次席検事が検事席に着き、全員が揃い開廷が宣せられた。被告と弁護人の氏名が読み上げられ、鶴裁判長の人定尋問に入った。通常の裁判であれば、ここから審理に入るのだが、審理に先立って鶴裁判長が次のように宣告し、一般傍聴人と新聞記者を法廷から追い出した。

「本件事実審理の公開は、安寧秩序の害があるから、公開を停止する。今後の続行裁判も公開しない」

法廷の扉が閉ざされ、秘密裁判がそれから猛烈な速さで行われていった。そのうえ、最高裁に保管責任のある「公判始末書」が、なぜか行方不明になった。秘密裁判の進行状況がいくらか分かるのは、当時の弁護士今村力三郎と平出修らの公判ノートや裁判メモ、戦後に発見された新村善兵衛、峯尾節堂らの『獄中日記』などによるものである。

公判第一日の午前中は、傍聴人退廷の後、松室検事総長が公訴事実を冒頭陳述した。

公訴事実（要点メモ）

「四十一年十一月中、被告大石・松尾は別に約束なく偶然幸徳方に会す。当時森近も幸徳方に同居し、大逆罪の陰謀をなす」

「大石が（大阪の）村上旅館に於いて武田・三浦・岡本・猶外に、二人ありしも、主としてこの三人に幸徳の陰謀を伝え、三人も同意す」

「大石宅にて成石平四郎・高木・峯尾・崎久保に決死の士たらん事を勧め、四人同意す、加之（しかのみならず）平四郎は（勘三郎に）目的を告げ、爆裂弾の研究を託す」

「松尾卯一太は、新美卯一郎に幸徳の企てを語り、その同意を得」

「内山愚童は、儲弍（皇太子）に対し危害を加えんと云いて此挙に賛成を表す、愚童が提議したる事実明かなり」

第二回は一日休憩（日曜日）を挟み十月十二日、十三日、十四日、十五日、十六日と連日続いた。十二月十四日午前中には松尾卯一太と新美卯一郎の供述があった。

卯一太の供述（要点メモ）

「四十一年十一月二十五日、巣鴨の平民社で、幸徳から機関紙として新聞を発行したいとの話があった。そのときしっかりした人物を見つけてくれと言われた。革命のためではなく新聞のためだ。二重橋や大逆罪、決死の士五十人をということには自分はいささかも関知していない。新美に東京の話として、こんなことを話したが、新美の返事は覚えていない。飛松には新聞の読者訪問をせよと言ったが、決死の士を募るためではない。自分は主義を実行した暁には天皇はなくなると言ったことはない」

卯一太は、巣鴨平民社での「十一月謀議」について完全に否定し、熊本に帰ってからの土産話についても、決死の士を募るように言ったことはないと断言した。新美の供述は弁護人の記録に残っていない。

公判は、その後、十九日、二十日、二十一日、二十二日、二十三日、二十四日と連日続いた。そして十二月二十五日に検事論告があった。この日は日曜日だったが、公判は続けられ、被告人二十六人全員に死刑が求刑された。一日おいて二十七日から三日間、弁護人十一人の弁論があり、審理は終了した。卯一太の弁護人は妻静枝の証人申請をしたが却下された。二十六人すべての被告にただの一人の証人も許されないまま裁判は終わった。

死刑と特赦

一九一一（明治四十四）年、一月十八日。

いよいよ判決の日を迎えた。

二十六人の被告は、市ヶ谷富久町の東京監獄でいつもの通り午前六時に起床した。出廷まで少し時間があったので、卯一太は妻の静枝に手紙を書いた。

「今日は十八日なり。判決言渡し日なり、午後一時の呼び出しがなければ、午食《ひるめし》を食ってから、出ることになっている。今は朝九時過ぎだと思う。酷く寒い日だ。死刑か…、まさかと思っている。しかし、無実を信じながらも、自分はちゃんと準備ができている。どんなことがあってもビクともするな。愛は永遠なり。愛は永遠なり」

卯一太の心は揺れ動いていた。無実を信じながらも、不安を打ち消すよう主義のために死ぬことを受け入れ、妻を励ますことで、自分自身を奮い立たせているようだ。そして永遠の愛に救いを求めた。

午後一時からの公判に出廷するために、早めに昼食をすませた二十六人の被告を乗せた八台の二頭立ての馬車が東京監獄の門から出て行った。幸徳秋水、管野スガ、新村忠雄、大石誠之助は一人乗りで、あとは二人相乗りだった。飛松與次郎は森近運平と同乗していた。馬車の網窓には白布が垂らされているが、風に吹かれて外の風景がチラチラ見える。霞ヶ関に近づくにつれ沿道の両側に並んで警戒する警官隊の人数が増えていた。

森近「相変わらず巡査や憲兵が立っている」

飛松「いよいよ今日こそ運命が決するね」

森近「本当に鶴の一声だ」

鶴丈一郎裁判長の名前をかけた森近の駄じゃれに、看守も一緒に笑った。二人は無罪を信じていたので冗談を言い合うほど気持ちに余裕があった。

午前十一時四十分、裏門から大審院の建物に八台の馬車が入って来た。編笠に手錠、腰縄でつながれた被告らが降ろされ、暗い地下室を並んで歩かされた。

第一号大法廷の傍聴席は満員だった。入場者は一人一人携帯品の検査を受けた。

午後一時五分、裁判長の鶴丈一郎、陪審判事の志方鍛、鶴見安義、末弘厳石、常松栄吉ら、立会検事として、大審院検事総長松室致、検事板倉松太郎が入廷した。なぜか平沼騏一郎の姿はなかった。そのとき平沼は、宮中の侍従長の部屋で、首相桂太郎と落ち合い、大審院からの電話を待って、明治天皇に奏上する手筈を整えていた。そこでは、天皇のご慈悲という美名のもとに無期懲役に減刑する打ち合わせをしていたとされる。

大逆事件の公判に際して、山県有朋が歌を詠んでいる。

「天地《あまつち》をくつがへさんとはかる人世にいづるまで我ながらへぬ」

密奏によって明治天皇の社会主義への恐怖心をあおり、天皇の名のもとに社会主義者を弾圧した山県は、小田原の古稀庵で好きな歌を詠みながら、大逆事件の処理をコントロールしていた。

被告一同が起立すると、望月書記長が被告二十六人の名を点呼した。

その後、鶴裁判長が長い判決書をコップの水を何度か飲みながら読み上げげた。主文はあとに回され、理由からまず始まった。朗読は四十七分間に及ぶ長いものだった。主文の言い渡しに移り、新田融は懲役十一年、新村善兵衛は懲役八年、ほかの二十四人は全員死刑が宣告された。主文を読み終えると、裁判長と六人の裁判官はすぐに席を立ち、逃げるように法廷から姿を消し、重苦しい沈黙が残った。

弁護人の一人である平出修は、この判決について、「予審及び捜査に関する調書上の記述よりも、被告が法廷でした供述を重んずるという裁判官であるならば、彼等は当然無罪となるべきものであった。少なくとも不敬罪の最長期五年の料刑が適当なものであった」としている。

そのときの光景を、被告席にいた飛松與次郎は『大逆犯人は甦る』に書いている。

「息を飲む音も聞こえなかった。すべては空虚であった。而《しか》してすばらしい充溢《じゅういつ》であった。凄愴を通り過ぎていた。悲愴を飛び越していた。凄愴とか悲愴とか、惨絶《さんぜつ》とか荘厳とかを超越して一切が尋常であった。雷のような沈黙であった。はやてのような静けさであった。意識が断雲のように頭の中で絶えず続いたりした。自分が茫然と立っていることを自分の意識がはっきり自覚していた。何ともなかった。何ともないことを自分の心がしきりに意識したがっていた」

突然、看守が管野スガの頭に編笠を被せた。入廷のときとは逆に、管野が先頭となり退廷が始まった。管野は手錠をはめられた手で編笠を取り、みんなの方を振り向いた。そして透き通る声で叫んだ。

「皆さん、さようなら」

管野のほうを見やりながら、内山愚童がよく通る大きな声でそれに応えた。

「ごきげんよう」

突然、興奮した大阪の三浦安太郎が叫んだ。

「バンザイ！」

その声をきっかけに、被告らが口々に声を上げて繰り返した。

「バンザイ！」「無政府党バンザイ！」

大逆事件判決は、その日のうちに全国に号外で伝えられた。

そして二十日には早くも特赦が発表された。

特赦の十二人は、飛松與次郎、佐々木道元、岡本穎《えい》一郎、小松丑治《うしじ》、坂本清馬、崎久保誓一、高木顕明、峯尾節堂、武田九平、成石勘三郎、三浦安太郎、岡林寅松だった。十二人は千葉、秋田、諫早（長崎）の各監獄にそれぞれ収容された。

一月二十三日、十二人が特赦により無期懲役に減刑されたことを知った管野スガはこう述べている。

「あの無法な判決だもの、そのくらいの事は当然だと思うが、何にしてもうれしいことではある。いったんひどい宣告をしておいて、特に陛下の思召しによってと言うようなもったいぶった減刑をする。国民に対し外国に対し、恩赦並び見せるという、抜け目のないやり方は、感心というか狡猾《こうかつ》というか、しかしまあ何はともあれ、同志の生命が助かったのはありがたい」

しかし、減刑者のその後の人生は決して平坦ではなかった。入獄後数年で二人が自殺、三人が獄死している。千葉監獄に収監された佐々木道元は入獄して間もなく自殺を図ったが一命を取りとめ、一九一六（大正五）年七月二十五日、肺結核で獄死した。遺骨は熊本市坪井町の即生寺に納められた。

秋田監獄に入獄した飛松與次郎は、十五年服役し一九二五（大正十四）年五月十日、仮出獄した。故郷山鹿に帰り、地元の広見役場に勤めた。結婚し一子をもうけたが暮らしは貧しく、戦後はかさ張りなどで生計を立てた。一九四八（昭和二十三）年、請求により復権した。一九五三（昭和二十八）年に死去した。

卯一太は静枝に最後の手紙（一月二十一日付け）を処刑前に書いている。

「罪なきに刑されるるが、御身よ恨みること勿れ。ここに神あり、ここに如来あり、救済あるに候わずや。面会に上京したしとの思の浮かばんも無益なり。却ってお互の心情を乱すのみならん、上京は断じてあるべからず。死体は貰えるかどうか分からぬ。貰えるなら骨にして送ろう。葬式はするに及ばず。針箱の引出しにでもしまっておけ」

静枝に、面会に行くよう勧めたのは宮崎民蔵だった。静枝も面会に行きたかったろうが、卯一太は面会を強く断っている。卯一太は、理不尽な死の宣告に懸命に向き合い、死の不安を鎮めようとしていた。

特赦が発表されるや九州日日新聞の記者が、玉名川島の松尾家に取材に飛んだ。卯一太が特赦に入っておらず落胆する妻静枝と父又彦だったが気丈に取材に応じた。

「夫も非常に後悔している模様で、獄中からこんな手紙が参っています」

静枝は奉書包にした卯一太からの手紙の束を記者に見せながら話した。

そのなかには、「聖哲さへ日に三たび我身を省みるといふ事あり、我々凡人は十度も二十度も反省すべき自ら省みざるの過ちよりかかる不幸の身となれり」と書かれているとともに、「自分は今回の陰謀事件には関係なきもかつて社会主義者として世に立ちたる為め不幸にも今回の如き嫌疑を受くるに至れり、我に万一の事あるも必ず心を取り乱すことなかれ」とあった。

静枝は、「今回の陰謀には少しも関係ありません。ホンの巻き添えを食っただけです」と卯一太は無実だと必死に訴えた。

父又彦は心配のあまり憔悴しきっていた。

「お上の処置ならば仕方ない」と目に涙を浮かべて話した。

（「陰謀者松尾卯一太の父と妻」九州日日新聞　明治四十四年一月二十二日付け）


一九一一（明治四十四）年、一月二十四日。

処刑の日は、判決から一週間もたっていなかった。政府が処刑を急いだのは、アメリカやヨーロッパで、この裁判の不当を訴える抗議のうねりが大きくなっていたからだった。

この日はよく晴れた寒い日だった。東京監獄の隅にある絞首台も寒々としていた。

午前七時すぎ、最初に幸徳秋水が呼び出された。次は新美卯一郎だった。続いて、奥宮健之、成石平四郎、内山愚童、宮下太吉、森近運平、大石誠之助、新村忠雄、松尾卯一太、古河力作の順で死刑が執行された。

翌二十五日朝、管野スガが処刑された。

松尾卯一太は一九一一年一月二十四日午後三時二十七分刑執行、絶命は午後三時四十五分。

●陰謀者松尾卯一太の父と妻

奉書に包んだ手紙

陰謀事件の被告に特赦の恩命下ると聞き家内挙つて喜び合ひし甲斐もなく特赦の恩典に浴せざりし玉名郡豊水村字河島なる松尾卯一太(三九)の留守宅を訪問したるに卯一太妻静枝子は夫も非常に後悔してゐる模様で獄中から此んな手紙が参つて居りますとて奉書包みにしたる一束の書状を取り出したるが其内には「聖哲さへ日に三たび我身を省みるといふ事あり我々凡人は

松尾卯一太

十度も廿度も反省すべきに

自ら省みざるの過ちより斯かる不幸の身となれり」と記せるもあり又た妻静枝子を訓戒したる一節に「自身は今回の陰謀事件には関係なきも嘗て社会主義者として世に立ちたる為め不幸にも今回の如き嫌疑を受くるに至れり我に万一の事あるも必ず心を取乱すこと勿れ」などの言葉あり妻は「今回の陰謀には少しも関係はありませんホンの巻添を食つたのです」と深く失望し居るも哀れなり卯一夫の父又彦は本年六十四歳にて心配の余り太く憔悴し「お上の処置ならば仕方がない」とて双眼に涙を浮べ其他家族一同何れも憂愁に沈み居れり辞して門を出づれば直ぐ其前に住める煙草屋の娘宮川ハル(二二)とて昨年八月中陰謀被告の一人なる坂本清馬に騙され同人と

淫奔したるハイカラ女が村の若者数名と店先きに火鉢を囲みチヤホヤ騒いでゐるのが見えたり

門司

「九州日日新聞」〈1911（明治44）年１月22日付け〉

（提供：熊本日日新聞社）

遺族慰問行脚

幸徳秋水と共に平民社を創設した堺利彦が、大逆事件の遺族慰問の行脚に出たのは、一九一一（明治四十四）年三月三十一日だった。東京を出発し、岡山、福岡、熊本、高知、大阪、京都、和歌山を巡り、五月七日に帰京した。そのときのことを、東京に帰った七日夜、同志たちを招集して各地の状況を報告した。

四月十一日から十三日まで熊本に滞在し、松尾卯一太と新美卯一郎の実家を慰問した。玉名川島の松尾宅を訪問したのは四月十一日だった。堺は卯一太の妻静枝に会って話をしている。

「未亡人は同地に於いて美人の聞こえあり。かつ意志すこぶる強く、卯一太の恨みを晴らさんことを口にし、警察方面そのほか同婦人を知る者は、管野スガの後継者をもって目しているという。東京に招きて相当の教育を施せば、管野ぐらいの人物になるのは疑いない」

堺が訪れたころまでは松尾家は川島で暮らしていたが、その後追われるように故郷を離れた。川島の松尾宅には巡査が張り付き、家人が行くところはどこまでも尾行した。父又彦、妻静枝、長男奚司郎、二男同太郎の四人は、川島から二キロほど北の同じ玉名の高瀬町に引っ越した。

静枝は、尾行の巡査と関係したとか、暴行されたとか、悪評を立てられたこともあり、松尾家に居づらくなり離籍し、一九一一（明治四十四）年七月末、二男同太郎と一緒に宇土の佐々木家に復籍した。

その後、兄を頼って釜山に行き、そこで保母をしていた。

一九一七（大正六）年、秋田監獄に入っていた坂本清馬は懲罰室で教務主任からこう言われたという。

「お前たちは非常に重大な罪を犯したのだから、もっと謹慎しなければいけない。松尾の細君など、いまだに尾行がついているんだ。小さい子どもを連れて、朝鮮に生活を求めて行くのにさえ尾行がついている。それほど重大な罪なのだ」

坂本はあまりに腹が立ち、こう言い返したという。

「亭主は殺され、か弱い細君が内地にいては暮らせんから、小さい子を連れて朝鮮くんだりまで行くのだろうに、それにまで尾行をつけるとは何事だ」

静枝は、一九二一（大正十）年十月二十四日、大阪医科大病院（現大阪大医学部附属病院）で病死した。三十五歳だった。二男同太郎は三越に勤め、のちに軍属として満州に渡り、一九三五（昭和十）年一月十八日、三十歳の若さで、大連において死亡した。

長男奚司郎は、一九一六（大正五）年に祖父又彦が亡くなったあと、親戚を頼って釜山に渡り、その後満州で暮らした。終戦後、満州で結婚した妻錠と共に、伯父の徳永右馬七のいる石貫に引き揚げてきた。玉名温泉の今はない高級旅館紅葉館で夫婦一緒に働き、四男一女をもうけた。

石貫の田嶋ミドリ（昭和八年生）は、近くに越してきた松尾奚司郎家族のことを覚えている。

「住まいは、農協の石貫石油スタンドの裏手にありました。〝病人小屋〟と呼ばれていた建物でした。戦前はたしか避病院でした。病棟と事務所の二棟あり、松尾さんの住まいは藁葺き平屋の事務所の方でした。奥さんは体格のいい人で、子どもが四、五人おり、賑やかでしたよ。昭和四十年代までおられたと思います」

現在、病人小屋があった近くを九州新幹線が通り、付近では住宅地開発が進み、今はやりのモダンなデザイナーズハウスが四、五軒ぽつぽつ建っている。

終章　カタストロフィ

自然でありたい（大槻節子の日記㈡）

「大槻節子の日記は読みましたか。あの本は僕が編集したんですよ」

大槻の日記は、雪野建作が編集して、『連合赤軍女性兵士の日記「優しさをください」』（彩流社）の書名で一九八六（昭和六十一）年に刊行された。

雪野は福岡刑務所に服役しているとき刑務所内の印刷工場で刑務作業をしていた。工場ではカラー印刷、名刺、伝票、小冊子、カレンダーなど一般印刷物の編集、割り付け、組み版、印刷まで行っていた。雪野はそこで本づくりを覚えた。出所してパソコンソフトの会社を始めると自動組版のシステムをつくったというから本格的である。

「大槻節子さんの日記は、手書きのノートに記されていた日々の出来事や感想を僕が校正し、左翼用語などに脚注を付けた。彼女の日記には、あの時代を革命兵士として青春を燃やした女性の素直な言葉が綴られている」

同じときに青春時代を過ごした作家の立松和平が「序にかえて」を寄せている。

立松和平の序の文章は、当時の学生運動の空気と連合赤軍の終末について的確に伝えていると思うので、少し長くなるが紹介する。（抜粋）

一九六〇年代半ばから七〇年代はじめにかけて青春時代を送ったものにとって、革命はもしかすると現実化するかもしれない夢であった。革命を求めるものにとって時代はいつも過酷であったが、夢があることによって、青春をよりよく生きることができたのだ。あの時代の雰囲気は、大槻節子のノート「優しさをください」にも引用されているとおり、吉本隆明の詩によく表されている。

とほくまでゆくんだ　ぼくらの好きな人々よ
嫉みと嫉みとをからみ合わせても
窮迫したぼくらの生活からは　名高い
恋の物語はうまれない
ぼくらはきみによって
きみはぼくらによって
きみはぼくらによって　ただ
屈辱を組織できるだけだ
それをしなければならぬ

「涙が涸れる」より

書き写しているだけで、私は懐かしさに震えるような気分になる。遠くまでいったのはまさしく連合赤軍に参加した人々であった。わたしはあの時代にこんなイメージを抱く。多くの人たちがどんどん途中下車していった。もちろんそうしなければならない個別の理由があったからである。だが行き着く果てがないのに最後まで列車に乗っていた一群の人々がいた。連合赤軍の人たちで、そのうちの一人が大槻節子であった。時代の列車から最後まで降りなかったからこそ、時代の極北まで駆け抜けたといえるのだ。（立松和平）

大槻の日記は、一九七一（昭和四十六）年四月四日で終わっている。

四月四日
例え自爆することがありえようとも、権力によって潰されることだけは激しく激しく拒否する。

既に奪われた生命と流された血を、せめて汚すまい、汚してはならない。

否が応でも、去る日は来る。

それが幸いとなるか、悲しみを呼ぶか、一層の切実さを与えるか、すべてを流す清水となるか、それは今、私は知らない。

ただ素直でありたい、自然でありたい。

雪野は、あとがき「断章」に、次のように書いている。

「彼女の日記を読むと、すでに彼女は四月の段階で、運動の崩壊の兆を感じ取っていたように思える。おそらく、それは、単なる熱狂ではなく、冷静に事態のなりゆきを予感する理性の一片を残していた者にとって、多かれ少なかれ共通していたように思える。当時、私は他の戦闘グループと連絡をつける仕事を担当しており、都会で大槻さんと行動を共にすることが多かった。しかし、私たちは運動の先行きについて腹を割って話すことはなかった。しばらく前から、潤いを失ってかさついた組織の中で、そういう会話は不可能だった」

水筒問題から総括へ

一九七一（昭和四十六）年十一月三十日、大槻節子と杉崎ミサ子は赤軍派との共同軍事訓練に参加するために赤軍派の新倉ベース（山梨県）に向かった。大槻は出発する前、雪野建作の母郁子に会いに行った。逮捕された雪野建作の救援対策で、二人は連絡し合っていた。

「あなたたちの運動は、このままやっていてもだめなんだから、思い切って出直しなさい。今までは誤っていました、と宣言して一からやり直すのよ」

郁子の説得に、大槻はこう答えた。

「それはよくわかっています。しかし、運動には勢いというものがあって、今すぐそうすることはできないのです」

大槻は革命左派の先発隊として山に入った。

赤軍派の植垣康博が、大槻らを途中の新倉鉄橋まで迎えに行った際、革命左派メンバーが水筒を持っていないことを知り、トランシーバーで水を持ってくるようべースに連絡した。それを知った赤軍派の森恒夫は、水筒不携帯を理由に革命左派を批判する。森はこの水筒問題でヘゲモニーを握ろうとした。植垣は革命左派メンバーのためによかれとしたことが、赤軍派と革命左派の権力争いに発展し、陰惨なリンチ殺人につながるとは思ってもいなかった。

森が革命左派に仕掛けた水筒問題で、両派は険悪な雰囲気となったが、革命左派リーダーの永田洋子が自己批判したことでその場は一応おさまった。しかし、数日後に永田が反撃に出た。共同軍事訓練に参加するために山に入った赤軍派合法メンバーの遠山美枝子が指輪をしているのを目ざとく見つけ追及し始めた。

「何のために山に来たの?」

その永田の問いに、遠山は、「革命兵士になるため」としか答えなかった。

その答えに納得しない永田は、化粧や長い髪についても批判し、これに革命左派の女性メンバーも同調し、遠山を批判しだした。遠山は赤軍派幹部高原浩之の夫人だった。赤軍派では幹部夫人は特別扱いされていた。そのため、森はそれを黙って聞いていた。

その後、赤軍派だけで会議を行い、森が革命左派を前にして宣言した。

「遠山さんが総括できるまで山から下ろさない。山を下りる者は殺す」

そして、「遠山さん批判を作風、規律問題として解決していく。革命戦士の共産主義化の問題であり、党建設の中心的な問題である」と続けた。

このときから総括による「共産主義化」の名のもとに同志への粛清が始まった。共同軍事訓練が終わり、革命左派は榛名《はるな》ベース（群馬県）に戻った。その後、榛名ベースに赤軍派が合流し、新党が成立した。十二月十七日、大槻節子は、永田の指示で岩田平治と一緒に山を下り、東京で開かれた交番襲撃で死んだ柴野春彦の虐殺抗議の政治集会にアピール文を持って行った。その際、雪野の母郁子の故郷玉名市出身の医療関係者を訪ね、出産を控えた金子みちよのためにアドバイスを受けに行っている。

そのときは、これから山に戻るという悲愴感があったという。その様子を見て、医療関係者は心配のあまり別れ際に言葉をかけた。

「おやめなさい、もう家へ帰りなさい。このまま行ってもだめなのだから」

必死に山に戻るのを止めたが、大槻節子はかたくなだった。

「それはよく分かっています。だけど家に帰ることは仲間を裏切ることなので、私にはできません」

その翌日、大槻節子は雪で白い榛名山に向かった。

遠山と大槻のリンチ死

大槻が榛名ベースに戻ると間もなく、革命左派の尾崎充男、加藤能敬、小嶋和子の総括が始まった。それぞれに自己の共産主義化が求められ、暴力が持ち込まれた。森の論理は殴って気絶させる、そこから目覚めると新しい自分になることができるということだった。これは森が高校生のとき剣道部の練習の体験がもとになっていた。

十二月三十一日、尾崎充男が総括リンチによって処刑された。山岳ベースで最初の犠牲者となった。森は、「尾崎の死は、共産主義化の闘いの高次な矛盾、総括できなかった敗北死である」と宣告した。永田が、「私たちは命をかけて共産主義化を勝ち取らなければならない」と同調し、「異議なし！」の声が上がった。

翌一九七二（昭和四十七）年一月二日、森が遠山美枝子の批判を強めた。

「革命戦士になって頑張るというだけでは総括にならん。どう革命戦士になろうとするのか」

「小嶋のようになりたくない。死にたくない」

「自分で総括するというのなら自分を自分で殴れ」

遠山は泣きそうになりながら、自分の顔や腹を自分で殴った。三十分ほど続き、人相が変わるぐらい顔が腫れ上がった。動作が止まると、森や永田ばかりでなく、杉崎ミサ子、大槻節子らも罵声を浴びせた。膨れ上がった自分の顔を見るように、永田が鏡を突き出した。森が縛って殴れと命令し、遠山を植垣らが激しく殴打した。

「お母さん、美枝子は革命兵士になって頑張るわ」

「手が痛い。誰か手を切って。切らなくていい、美枝子、頑張る」

うわごとを繰り返すようになった。

遠山美枝子が死んだのは、五日後の一月七日だった。

一月十九日、別の任務で再び山を下りていた岩田平治がそのまま逃走した。岩田に下された任務は、新しいメンバーを山に連れてくることとカンパ集めだった。そのときは伊藤和子が同行していた。岩田は当時のことをこう話している。

「新しいメンバーといっても、一人は私の彼女ですし、もう一人は小嶋和子さんの妹です。私の彼女は左翼ではないし、姉さんが殺されている場所に高校生の妹を連れて行くという話ですから、無理に決まっている」

名古屋で十日近く活動して、いよいよ山に帰るというときに同行していた伊藤に喫茶店で話をした。

「『逃げる』と言ったら、伊藤さんにすごい形相でにらまれた。『この反革命、殺してやらなきゃいけない』くらいな顔だった。それと『私を試しているのでしょ？』とも言った。本当は伊藤さんにうまく話して彼女も山に戻らないように説得できればよかったのだが、自分自身がめいっぱいだった。あのとき僕が言えたのは、『革命は正しいかもしれないけど、僕はついていけない』、しかしこれでは説得力がまるでない」

森は岩田のことを「若いころの自分に似ている」と言って期待していた。森が、岩田の脱走を聞かされたとき、「あいつが警察に出頭して話すことは考えられない。あいつも死刑になるからな」と言った。続けて、「我々も知らない間にすごい地平に来てるんだな。パクられれば死刑になる地平に」とも言ったという。

岩田は大阪の親戚のところに身を隠して働いていたが、三月十三日に警察に出頭した。その後の裁判で加藤と小嶋に対する殺人と、尾崎への死体遺棄などで懲役五年の刑を受けた。

岩田は当時の心境をこう語る。

「革命というものから逃げたという後ろめたさは当然あるんだけれど、もしあの後、組織が私の家族とか妹を拉致して、『お前、出てこい』と言われたら、戻らざるを得ないなと思っていた。あの時点では、とりあえず弱い部分の総括要求が終わって、これからいよいよ本格的に殲滅戦を始めることになるんだと思っていた」

大槻節子と金子みちよの二人に、森恒夫が総括を要求したのは、岩田が逃走して一週間後の一月二十五日だった。森は二人を順番に追及した。大槻は、六〇年安保闘争に関する敗北の文学を好んでいたこと、渡辺正則や向山茂徳との関係などが責められた。夜に始まった総括は明け方まで及んだ。大槻は自分なりの総括をしたが、森にすべて否定された。

一九七二（昭和四十七）年一月三十日、厳しい寒さのなか床下で大槻節子が死んでいるのが発見された。森は、大槻が勝手に死んだ「ショック死」と告げた。十人目の犠牲者だった。仲間がリンチで死んだことを雪野建作は拘置所のラジオ放送で知った。雪野がいた拘置所の同じ階には、大槻節子の恋人渡辺正則がいた。

「大槻さんの死体が発見されたニュースが流れた翌日、運動時間の行き帰りにすれ違った渡辺は一晩ですっかりやつれ果てていた」

真実の愛（金子みちよの純愛㈡）

一九七一（昭和四十六）年春、金子みちよと吉野雅邦は、二人で丹沢ベースからの出入路調査に数日間あたり、そのとき金子が妊娠した。同年八月、妊娠を公表し、山岳ベースで出産することを永田に認められた。出産を反対されると思っていた金子は、「私は革命児を生む。立派な戦士に育てる。根拠地で土を耕す生活を持ちながら、闘いに赴いていく」とうれしそうに話したという。

翌一九七二（昭和四十七）年一月、金子は出産が近かったが、山の斜面でまき拾いをするなど山岳アジトの作業を献身的に行っていた。ところが、森恒夫と永田洋子は金子にも総括を要求した。妊娠中なのに食事をみなと同じ量にしたこと、永田に反発し男を利用して自分の地位を確立しようとしたことが理由だった。金子はいわれのない総括要求に、「今の私じゃだめということですか」と反論し、批判を受け付けなかった。そのため緊縛され、一緒に総括された大槻と共に床下に放置された。翌日、金子への殴打が始まり、永田も参加した。金子は顔が腫れ上がるまで殴られ、逃亡を防ぐため髪を虎刈りにされた。

森は、「お腹の子どもを私物化し、盾にとって総括しようとしていない。…組織の子として金子から取り返さねばならず、いざとなったら開腹して子どもを取り出す」と言い出した。夫の吉野は思い詰めた表情で聞いていたが、「僕もする」と応じた。

数日後の二月四日大雪の朝、金子みちよは縛られ土間に放置されたまま死んでいた。お腹の子の出産予定日は三月三十日だった。

同年二月十二日午前二時ごろ、赤軍派の山田孝が激しい暴行を受けたのち逆エビに縛られ、手足の先が凍傷で黒ずむまで外に放置され、その後亡くなった。十二人目、最後の犠牲者となった。山田は理論家で中央委員（指導部）の一人であり、本来は赤軍派の地位は森より上だった。永田でさえ、山田が総括要求されることが理解できなかった。ただ山田は、最初に森の暴力的総括の中止を求めた。「死は平凡なものだから、死をつきつけても革命兵士にはなれない。もう一度考えてほしい」と意見したことを、森は忘れていなかった。「総括しろだって、畜生！」が山田の最後の言葉だった。

一九七一（昭和四十六）年十二月三十一日から翌年二月十二日にかけてのわずか一カ月半の

間に十二人のメンバーが山岳ベースで次々と殺された。

雪野に、「もし、山岳ベースに残っていたら、雪野さんは総括の対象になっていたと思いますか？」と質問した。

「立場上、言いづらいのだけど、次は僕か、吉野だったでしょうね。永田と森に反対意見を言ったメンバーはみんな総括された。寺岡もそうだしね。僕が山岳ベースを下りて、東京で外部と接触する担当になったのは、寺岡が永田に進言してくれたおかげだった。そういう意味では、僕は寺岡に生かされた」


　一九七九（昭和五十四）年、三月二十九日。

　東京地裁で分離公判組の判決が言い渡された。統一被告団を離脱した、金子みちよの夫吉野雅邦には無期懲役（求刑は死刑）、加藤倫教には懲役十三年（求刑は懲役二十年）の判決が下った。

　石丸俊彦裁判長は主文を後回しにして、先に理由を述べた。

「被告人吉野雅邦は、羽田空港突入事件まではせいぜいデモに参加するか、ゲバ棒や投石に逃げ腰になりながら参加するか、ときにはいわゆる日和っていた、その他大勢の学生大衆にすぎなかった。この段階で金子の判断と愛情を全人格的に受け容れ、毅然として坂口の勧誘を拒否していたならば、このあとに続く本件の各犯行への参加も又回避できた」

最後に、吉野に向かって諭すように語りかけた。

「法の名において生命を奪うようなことはしない。被告人は自らその生命を絶つことも、神の支えた生命であるから許さない。被告人は全存在をかけて罪を償ってほしい。君の金子みちよさんへの愛は真実のものであったと思う。そのことを見つめ続け、彼女と子どもの冥福を祈り続けるように」

吉野は、自らの手で死なせてしまった妻と子どもに対して〝真実の愛〟などありえるのか、と自問し続けた。千葉刑務所に入った吉野は、刑務所内の養護工場の介護役を志願し、トイレや風呂を一人でできない受刑者の介護を続けた。

二〇二一（令和三）年十月、吉野は刑務所の中で突然倒れ、生死の境をさまよった。人生の終焉が来ていることを感じた吉野は、病床で長い手記を書いた。

その中で、石丸裁判長の「金子みちよさんへの愛は真実であった」という言葉に、吉野はこうこたえている。

「残生の全存在をかけて償うこと、彼女らの冥福を祈り続けること、それによって彼女への愛が真実であることを証明しなさい。そう説示されたのではないか」

現在、吉野は東京都昭島市の東日本成人矯正医療センターで病と闘いながら〝真実の愛〟を見つめ続けている。

「あさま山荘」銃撃戦とその後

一九七二（昭和四十七）年、二月十五日。

警官隊が迫っていた妙義《みょうぎ》ベース（群馬県）を撤退した坂口ら九人の連合赤軍メンバーは山越えした。しかし辿り着いたところは目的地の長野県佐久市とは違っていた。メンバーは地図に載っていない軽井沢の別荘地レイクニュータウンに迷い込み、自分たちの位置を見失っていた。

同月十七日午前八時三十分、連合赤軍の指導者森恒夫と永田洋子の二人が、東京でのカンパ活動を終え妙義ベースに戻る途中、山狩りしていた警察官と警察犬に見つかり追われた。妙義山籠沢の洞窟に逃げ込んだ二人はナイフを構え、警察官に向かって突入したが、警棒で思いきり叩かれ、地面に打ち倒された。

一方、十九日午前八時、軽井沢の別荘地に迷い込んだ九人のうち、買い出しに出た植垣康博（弘前大、赤軍派）、青砥幹夫（弘前大、赤軍派）、寺林喜久江（短期大卒、革命左派）、伊藤和子（看護学院生、革命左派）の四人は別荘地入り口のバス停からバスに乗り軽井沢駅にたどり着いた。待合室で休んでいたところ、風呂に一カ月以上入ってなく、髪は伸び放題、服はぼろぼろのうえ、あまりに異臭がひどかったため、売店の女性に怪しまれ警察に通報された。四人は駆け付けた警官に逮捕された。

一九七二（昭和四十七）年、二月十九日。

午後三時ごろ、買い出しに行ったメンバーを待っていた坂口弘、坂東国男（一九七五年に超法規的措置により釈放、国外脱出し日本赤軍に参加）、吉野雅邦、加藤倫教（当時未成年）、M（当時未成年）の五人は追ってきた長野県警の機動隊と銃撃戦となり、「あさま山荘」に逃げ込み、管理人の妻を人質に立てこもった。防弾チョッキとヘルメットで完全武装した警察官が取り囲み、スピーカーで投降を呼びかけるが、連合赤軍は何の要求もせず、政治的主張を訴えることもなく、硬直状態が続いた。

あさま山荘侵入三日目、衝撃的なニュースがテレビから流れた。あさま山荘に立てこもっていた五人は首脳会談のためニクソン米大統領が北京空港に到着した映像を見て茫然とした。

侵入九日目、首脳会談のため訪中していたニクソン米大統領と周恩来中国首相が上海で米中共同コミュニケを発表した。二十二年間事実上の交戦状態にあった両国だが、中国は首都北京にニクソン大統領を迎え、毛沢東主席が会見し、周首相が延べ二十時間会談してまとめられた共同声明だった。米国が台湾から軍事力と基地を撤収することを発表し、注目のインドシナ問題についても、米軍の完全撤退を約束した。

学生運動はアメリカのベトナム侵略に抗議し、ベトナム戦争が中国にまで拡大し日本、アジアを巻き込むことを防がなければならないという学生たちの正義感、使命感が推進していた。アメリカがベトナムからの撤退を中国に約束したことで、学生運動は「アメリカはベトナムから出ていけ」という大きなスローガンをなくした。まして革命左派の革命理論は毛沢東主義によるものが大きかったので、この時点で武装闘争路線の基盤が失われた。

侵入十日目、一九七二（昭和四十七）年二月二十七日、朝十時から警察の強硬突入が始まった。連合赤軍も猟銃や拳銃で応戦し、機動隊員二人と民間人一人が亡くなった。午後六時五分、機動隊が「あさま山荘」に一斉に突入して犯人全員を逮捕し、人質を無事救出した。この日、各テレビ局は一日中、中継放送を行い、視聴率は八九・七％を記録した。

それから間もなくして、山岳アジトにおける連合赤軍による十二人の総括リンチ殺人が明らかになった。その後、印旛沼殺人も発覚し、連合赤軍による十四人リンチ殺人の全容が明るみになり、世の中を震撼させた。

同年三月七日、レバノンにあるパレスチナ解放を掲げる武装組織パレスチナ解放人民戦線（ＰＦＬＰ）のアル・ハダフ事務所にいた重信房子に、連合赤軍事件の第一報がマスコミから国際電話で知らされた。

「連合赤軍が仲間を虐殺しました。赤軍派幹部の山田孝も殺されました」

重信は、森のせいで何かとんでもないことが起きたに違いない、と直感した。

一報の後、一人ではなく十数人が殺され、その中に親友の遠山美枝子がいることを知り、あまりの衝撃で泣き崩れた。重信と行動を共にしていた奥平剛士もその事実に驚愕し、革命家としての闘い方、生き方を示すために、退路を断った闘いに行くことを重信に告げた。

「奥平同志たち三人は連合赤軍事件に深い悲しみを持ち、本当の闘い方を自らの死をもって示すことを第一にしたのです」

あさま山荘銃撃戦から三カ月後の五月三十日、イスラエルのテルアビブ空港で銃の乱射事件が起きた。死者二十六人、負傷者八十人に上った。ＰＦＬＰによる犯行だった。実行犯は、国際根拠地づくりのため中東で活動していた日本赤軍の奥平剛士（京都大）、岡本公三（鹿児島大）、安田安之（京都大）の三人だった。奥平は警備隊に射殺、安田は手榴弾で自爆、岡本は逮捕された。


一九七三（昭和四十八）年、一月一日。

午後一時五十二分、森恒夫が東京拘置所内の独房で、のぞき窓の鉄格子にタオルをくくりつけ、首を吊って自ら命を絶った。

それを聞いた永田洋子は、「森くん、ずるい」と叫んだという。連合赤軍事件の指導者で、今後の裁判でも中心となるはずだった森が死んだことで、すべての責任を永田洋子が担うことになり、総括の重さが永田の肩にどっとのしかかった。

瀬戸内寂聴の証言

一九八二（昭和五十七）年、六月十八日。

東京地裁で統一公判組の判決が下された。事件から十年後のことだった。永田洋子と坂口弘に死刑、植垣康博に懲役二十年の判決が下った。中野裁判長は、弁護側の内乱罪を中心とした主張を取り上げなかった。

山岳ベースにおける総括リンチ殺人の主な原因は、「自己顕示欲が旺盛で感情的、攻撃的な性格とともに強い猜疑心、嫉妬心を有し、これに女性特有の執拗さ、底意地の悪さ、冷酷な加虐趣味が加わり、その資質に幾多の問題を蔵していた」と、あくまで永田の個人的な性格の欠陥にあるとした。

森については、「巧みな弁舌とそのカリスマ性によって、強力な統率力を発揮したが、実践よりも理論、理論よりも観念に訴え、具象性より抽象性を尊重する一種の幻想的革命家だった。しかも直情径行的、熱狂的な性格が強く、これが災いして、自己陶酔的な独断に陥り、公平な判断や部下に対する思いやりが乏しく、人間的に包容力に欠けるうらみがあった。特に問題とすべきは、被告人永田の意見、主張を無条件、無批判に受け入れて、特にこれに振り回されて愚行を犯した点である」と認定した。

自分たちが命を懸けて革命を目指したのは、ベトナム戦争を推し進めていたアメリカと日本の国家権力に対する意識に起因するものという、永田らの主張は認められなかった。

一九八六（昭和六十一）年、一月二十四日。

午後一時三十分、東京高等裁判所第七二五法廷において、連合赤軍事件統一組控訴審が開かれ、控訴審の最後の証拠調べで、作家・尼僧の瀬戸内寂聴《せとうちじゃくちょう》が永田の情状証人として証言台に立った。

瀬戸内寂聴が永田の証人となったのは、永田が獄中から手紙を出し、瀬戸内寂聴がそれに応えて文通が続いていたからだった。一審判決直後に刊行された、永田の自叙伝ともいうべき『十六の墓標』（下）の発刊にあたり、瀬戸内寂聴が出版社から依頼された序文を断った代わりに執筆した「編集者への手紙」に対する礼状だった。瀬戸内寂聴は証人の依頼があったときも、あまりにも陰惨な事件に関わり合うことを躊躇した。しかし、死刑廃止論者の立場に立つ瀬戸内寂聴は、永田のために証人台に立つことを決心した。

一審の判決文にある「女性特有の執拗さ、底意地の悪さ、冷酷な加虐趣味が加わり…」というくだりに、瀬戸内寂聴はびっくりした。「こんな女性蔑視と偏見にみちた立場から、それこそ底意地の悪い判決を下されてはたまらない」と思った。

大谷恭子弁護人が瀬戸内寂聴に質問するかたちで行われ、一時間半ほどかけて一問一答が続いた。
大谷弁護人「大逆事件の管野スガ（須賀子）、関東大震災の二日後に逮捕され、大逆罪で有罪となった金子文子、雑誌『青鞜』の編集者で、甘粕事件で虐殺された伊藤野枝ら女性革命家を取り上げた著書があることと、永田に特別の関心を持ったことは関係があるのですか」
瀬戸内「その歴史の流れの上に永田さんのような若い、革命を志向した人たちが出てきて、そして非常に悲惨な結果になったことには無関心ではいられませんでした」
大谷「みんな、一応、権力者に殺されたというか、そういう者たちを取り扱ったということですね」
瀬戸内「はい。今日は一月二十四日です。今から七十五年前の明治四十四年一月二十四日は、幸徳秋水たちの大逆事件の処刑の日でした。東京監獄の絞首台で、今ごろ、みんな殺されていた時間です」
裁判の最後のほうで、裁判長に何か言っておきたいことはないかと聞かれた瀬戸内寂聴はこう述べた。
「こういうお願いをしていいならば、どうか彼女を死刑にしないでいただきたい。私は仏教者の立場から死刑廃止論者でございます。どうかご慈悲を持って彼女の裁判の結審をつけていただければ本当にありがたいと思います」
そして最後は、こう結んだ。

「責任をとるということならば、やはり私たちがあれだけの戦争をしたあとで、私たちの世代で天皇制を変えることもできないこの状態、そのまま戦後が続いているということの状態、そういうことをやはり若い人たちに対して考えるべきではないかと思います」

のちに瀬戸内寂聴は証言台に上がったときのことをこのように述べている。

「（大谷弁護人の最初の質問を受け）瞬間涙がこみあげそうになった。フレームアップで無実のまま殺されていった、今ごろ十二人のうち、誰の番だったろうと。場所が場所だけに、何ともいいようのない悲惨な思いが湧いてきた。当時の大逆罪の裁判は一審にして確定、非公開であった。今ではこの事件が権力のでっちあげで、数人のほかは、多くの人が無実で殺されたことは、歴史が証明している。ただひとりの女性被害者だった管野須賀子は、その翌日、一月二十五日にひとり死刑になった。永田洋子さんたちは控訴ができているけど、彼等は一審にして終審だった。時代はやはり動いている。私は戦後四十年たつ今も、天皇制に手を付けることの出来ない我々が、この事件に責任はないとは言い切れないと言った。これは戦前なら死刑になる言葉でしょう」

一九八六（昭和六十一）年、九月二十六日。

「本件、各控訴を棄却する」

東京高等裁判所において、連合赤軍事件統一組控訴審の判決が下った。

永田と坂口の死刑判決、植垣の二十年の刑はくつがえらなかった。永田と植垣はまったく動じた表情はなく、坂口は蒼白になり、上体を揺るがした。

永田は事実誤認があるとしてただちに控訴を決定、植垣と坂口も共に控訴した。一九九三（平成五）年二月十九日に最高裁判所で死刑の確定判決。永田、坂口の死刑、植垣の懲役二十年が確定した。植垣はこの時点ですでに二十年間、留置所及び拘置所に拘束されていたため、残刑は五年半となった。

二〇〇一（平成十三）年六月、永田は再審請求。同志殺害について、殺意はなかったと主張したが、東京地裁は二〇〇六（平成十八）年十一月二十八日に請求を棄却した。

永田は、再審請求棄却の半年前に脳腫瘍で倒れ、脳腫瘍の手術以降は寝たきりの状態になっていたという。晩年は会話ができない状態となり、二〇一一（平成二十三）年二月五日に東京拘置所で脳萎縮、誤嚥性肺炎のため六十五歳で獄死した。

二〇一一（平成二十三）年、三月十三日。

「永田洋子を送る会」が、東京都大田区のライフコミュニティ西馬込で開かれた。主催は「連合赤軍事件の全体像を残す会」。司会は雪野建作が務めた。

「獄中で四十年近い病苦の日々を過ごした後、永田洋子は私たちの前に戻ってきました。荼毘に付され、一握りの白い骨と灰になりました。誰にでも平等に訪れる死が、永田洋子を仲間たちの待つ冥界へ連れ去りました。連赤指導部は大きな過ちを犯しましたが、同じ組織に属し、同じ路線を掲げていた私たちも彼らの過ちと無縁であることはできません。永田洋子は亡くなりましたが、連合赤軍問題は依然として深い闇と多くの疑問をはらんだまま、私たちの前に横たわっています」

瀬戸内寂聴はメッセージを寄せた。

「私はどうしても世間の人のように洋子さんを悪魔とか鬼とか呼べませんでした。私が若ければ、同じことをしたかもしれないと思い、他人事とは見逃せませんでした。最後の数年は、もう人の分別もつかず、何も分からなかったと聞いて、まだ浄土へ渡ることは許されないのかと胸が締め付けられていました。洋子さんに病死が与えられたことはせめてもの救いでした。もう十分、十分、この世で地獄を味わい、苦しみました。洋子さんは許されて、今はかつての同志に迎えられていることを信じます」

現存する「あさま山荘」

二〇二二（令和四）年、十一月二十日。

連合赤軍と警察隊が十日間にわたり激しい攻防を繰り広げた軽井沢のあさま山荘は、五十年たった現在はどうなっているのだろう。それを自分の目で確かめるため軽井沢に向かった。北陸新幹線軽井沢駅に近づくと、まだ十一月半ばだというのにスキーをしている人たちが車窓から見えてきた。駅の目と鼻の先にある軽井沢プリンスホテルスキー場は、国内最大級の人工降雪機があるので毎年オープンが早いという。軽井沢駅に降りると、狭い駅舎は観光客やアウトレットモールの買い物客などで混み合っていた。

軽井沢駅からあさま山荘がある別荘地までは約八キロで、別荘地の入口までバスもあるようだが、雪野によると、別荘地はだだっ広く、あさま山荘はその中の一番奥まったところにあるため、非常に分かりにくいという。そこで、軽井沢駅前からタクシーを利用することにした。

「連合赤軍事件のあさま山荘までお願いします」

「あさま山荘はもうありませんよ」

一瞬、耳を疑った。あさま山荘はまだあるものと思い込んでいた。五十年たっているのだ。老朽化で取り壊されたのだろうか。

「建物がなくても、現場を見たいので行ってください」

タクシードライバーが無線であさま山荘について会社に問い合わせると、「建物は残っているが、現在は所有者が代わっており、建物の近くに行くには許可が必要」という返答が聞こえた。

「てっきり建物は壊されたと思っていました。建物の近くには行けないようですが、どうしますか」

「行けるところまで行ってください」

「タクシーに乗って十一年ですが、これまで四人のお客さんをあさま山荘まで乗せました。最後に乗せたのは九年前でした」

地元のタクシードライバーでさえ、あさま山荘がどうなっているのか知らない。五十年の月日が流れ、事件が風化しているのを感じた。タクシードライバーの彼は一九七〇（昭和四十五）年生まれの現在五十二歳という。あさま山荘事件のときはまだ二歳だった。

「テレビの記録映像でしか見たことはないですが、軽井沢では一番大きな歴史的な事件なので、子どものときは話をよく聞きましたよ」

軽井沢駅から南へ十五分ほど走ると、左手に「浅間山荘事件顕彰碑（治安の楚）」があった。事件で殉職した警察官の功績を称えるために建てられた記念碑で、側面に「昭和四十七年二月二十八日殉職」とあり、あさま山荘での攻防の様子を描いたレリーフが彫り込まれている。裏面には事件の概要を解説する文章が記されていた。

顕彰碑のすぐ先に立派なレンガの門があった。あさま山荘は、その門から入った軽井沢レイクニュータウンという広大な別荘地の中にある。レンガ造りの門には、検問所があり別荘地の関係者しか入れないようになっている。現在も関係者しか入れないようだが、検問所には人はおらず、門は開いているので、地元の人など自由に出入りしているという。ただ、あまり目立つようだと無断侵入の不審者として通報されることもあるそうだ。

あさま山荘がある軽井沢レイクニュータウンは一九六二（昭和三十七）年に開発が始まった。翌一九六三年に人造湖の軽井沢湖（現レマン湖）が完成した。その後、三越が進出し、高級ブティックやレストラン、雑貨店が並ぶファッションビレッジが誕生した。あさま山荘事件が起きた当時は旧軽井沢に次ぐ人気の別荘地、避暑地だった。

タクシードライバーは別荘地に来るのは久しぶりという。

「実は高校生のとき、別荘地の中にあるレマン湖の貸しボート屋でアルバイトをしたことがあるんですよ。当時はすごく賑わっていました」

別荘地に入ると、「左手がレマン湖ですよ」と教えてくれた。

少し進むとまるでゴーストタウンに入り込んだような、薄気味悪い通りに出た。

「この通りは、以前は東京の原宿のような賑やかな通りでしたよ」

ブティックや雑貨屋、レストランだっただろう建物のペンキは剥げ、むき出しのショーウィンドウは朽ち果て、通り全体が廃墟化している。

車がやっと一台通れる狭い山道を上って行くと、斜面を切り開いて建てられた別荘がポツリポツリ見えてきた。どんどん坂の勾配がきつくなる。山道を進むと、手入れがされていない荒れた別荘が点々とあり、寂れた雰囲気になってきた。入口ゲートから三キロぐらい入っただろうか、山のかなり奥まったところまできた。

「この先の峠を越えるとすぐ群馬ですよ。冬は雪が深く、あさま山荘の犯人たちがこの峠を越えて来たなんて想像できないですよ」

ポプラ通りと書かれた案内板を右折し、つづら折りの急な山道をしばらく進む。ポプラ通りという通りの名前からすると散歩道のようだが、実際は鬱蒼とした木立に囲まれた急勾配の山道だ。攻防があった二月の雪のあるときに、警察の装甲車やクレーン車が狭くて急な雪道をよく登ってきたものだ。

「その屋根の下があさま山荘の玄関です」

道の左手に赤ペンキが所々剥げたスレート屋根だけが見える。言われなければ、見落としてしまいそうだ。あさま山荘は急な崖に張り付くようにしていた。玄関は道から三メートルほど降りたところにあり、建物は樹木に隠れてほとんど見えない。

「私は上でUターンして、二百メートルぐらい下に車を停めて待っています」

あまり目立つと通報されるということだったので、私はタクシーから降りて、少し離れたところで待ってもらうことにして、あさま山荘の周辺を歩いた。

山道を五十メートルほど下ると、道端に「祷」と刻まれた小さな慰霊碑があった。その後ろに木製の祠があり、その中に地蔵が安置されている。何も記されていないので、誰がいつ置いたものかは分からない。

そこからさらに下り、あさま山荘の全景が見えそうな崖の下に回り込む道まで歩いた。突如、木立の間からあさま山荘が現れた。

「テレビで見たあさま山荘だ」

五十年前、テレビ中継で見たあさま山荘の攻防が目に浮かんできた。

大型クレーンで釣り上げられた巨大な鉄球が山荘の屋根と壁を突き破り、放水が始まり、催涙弾が投げ込まれた。鉄球で壊れた壁から機動隊が突入し、銃声が響き、怒号がした。しばらくして機動隊員に引きずられたメンバーたちの姿が見え、髪をつかまれ顔をさらされたメンバーの鬼の形相がテレビ画面に大きく映し出された。

数日後、連合赤軍の同志に対する大量リンチ殺人が明らかになり、連合赤軍は狂気の集団とされた。全国の学生運動は急速にしぼみ、何もなかったように学生たちは卒業し、長く伸ばした髪を切り就職した。学生運動は終焉し、高度消費社会が始まり、バブルとなりバブルが崩壊し、「失われた三十年」が始まった。そのような時代の流れをよそに、あさま山荘は五十年間にわたり山陰に身を潜めていた。

切り立った崖に張り付いている姿は、連合赤軍事件を記憶にとどめ、そのカタストロフィ（悲劇的結末）を弔《とむら》う巨大慰霊塔のように見えた。それは時代に取り残された児童遊園に残っている、大逆事件刑死者慰霊塔と重なった。

彼らに立派な大きい石碑は似合わない。

私たちはその代わりに口碑を残そう。

中部地方と山梨、北関東の山野を駆け巡り、
別の形であった方が良かったのだけど、
より良い世の中を目指して自らの犠牲を顧みず戦った
若者たちを歴史の記憶に留めるために。

雪野建作（『証言　連合赤軍』・「慰霊の旅」より）

「あさま山荘の現在の所有者は中国系法人らしいですよ。香港のキリスト教系の学校を運営しているようですが、不動産投資で巨額の利益を上げているらしく、あさま山荘を観光目的で使うために購入したそうです」

近くに車を停めて待っていたタクシードライバーが教えてくれた。
日本人から忘れ去られたあさま山荘は中国資本に買収され現存していた。
あさま山荘には、これからどんな運命が待っているのだろうか…。
数奇な運命をたどる、あさま山荘に向かって手を合わせ、来た道を戻った。

軽井沢の別荘地に現存する「あさま山荘」

あとがき

大逆事件で犠牲になった熊本県玉名市出身の松尾卯一太を調べているなかで、連合赤軍事件の当事者で、卯一太の子孫である雪野建作さんに出会った。取材を進めるうちに、卯一太の「謀叛の血」が雪野建作さんに脈々と流れていると感じた。そして二人の血の流れと同じように、明治の大逆事件と昭和の連合赤軍事件は、日本の左翼史をたどるように一本につながっていた。

大逆事件では時の政府による大量処刑に人々は恐れおののき沈黙し、日本軍は戦争へと突き進んだ。連合赤軍事件では、リンチ大量殺人が世の中を震撼させ、理解できないおぞましい出来事に恐れをなした若者は政治や社会問題と距離を置くようになった。そのことが、今の生きづらさや閉塞感につながっているように思える。連合赤軍事件は「負の歴史」であり、社会運動に与えた影響は大きい。しかし、日本をよくしたい、世界を平和にしたい、という若者たちの純粋な熱い思いが出発点だった。

今回の出版を通して「負の歴史」に耳目を塞いではいけないことを痛感した。大逆事件や連合赤軍事件は決して他人事ではなかった。誰でも事件の当事者に成りうる。そうならないためにも、「負の歴史」にこそ学ぶことは多い。

雪野建作さんたちは一九八七（昭和六十二）年から「連合赤軍事件の全体像を残す会」の活

動を続けている。雪野さんは、「当事者の責任として、連合赤軍事件の正確で多面的な記録を残すことが使命」という。

二つの事件の暗闇の中に迷い込み途方にくれながらも、どうにか書き上げることができた。ひとえに多くの方々の協力があったおかげである。ここにお名前を記して感謝のしるしとします。心からお礼申し上げます（敬称略、五十音順）。

青木泰治、荒木雄久輝、猪飼隆明、大門元二、長純子、小畠顕子、川上義隆、下川冨士子、杉山勝己、竹田宏司、田嶋ミドリ、徳永龍、西澤保孝、橋本太郎、広瀬泰久、前田正治、森高清、森浩子、雪野建作。

安曇野市明科図書館、熊本県立図書館、国立国会図書館、玉名高校・付属中学校図書館、玉名市文化課、玉名市立図書館、玉名市立歴史博物館こころピア、玉名民報印刷。

出版に当たっては、熊日出版の今坂功さん、担当編集者の満田泰子さん、装丁をしていただいた臺信美佐子さんに大変お世話になった。みなさんに心から謝意を表します。

最後に、本書を書くに当たり、貴重な資料と助言をいただき、本書の出版を楽しみにされていた、二〇二三（令和五）年一月にお亡くなりになった、ジャーナリストで熊本近代史研究家の冨田啓一郎さんに本書を奉げたい。

二〇二三（令和五）年十一月

松井　浩章

参考資料

【大逆事件】

労働運動史研究会編『「熊本評論」明治社会主義史料集別冊(2)』明治文献資料刊行会、一九六二年

徳永春夫『肥後国玉名郡石貫村　徳永家の歴史』私家版、一九九二年

徳永春夫『肥後国玉名郡石貫村　徳永家の歴史補遺』私家版、一九九四年

森長英三郎『風霜五十余年』私家版、一九六七年

宮崎世民『宮崎世民回想録』青年出版社、一九八四年

荒畑寒村『大逆事件への証言』新泉社、一九七五年

荒畑寒村『寒村自伝』(上・下)岩波書店、一九七五年

尾崎士郎『大逆事件』雪華社、一九五九年

中川斎『豊水郷土史』米村忠、二〇〇四年

上田穣一・岡本宏編著『大逆事件と「熊本評論」』三一書房、一九八六年

上田穣一『熊本社会運動史研究』熊本出版文化会館、二〇一九年

上村希美雄『民権と国権のはざま』葦書房、一九七六年

上村希美雄『宮崎兄弟伝　日本編上下』葦書房、一九八四年

上村希美雄監修『夢　翔ける　宮崎兄弟の世界へ』荒尾市宮崎兄弟資料館、一九九五年

猪飼隆明『熊本の明治秘史』熊本日日新聞社、一九九九年
絲屋寿雄『増補改訂　大逆事件』三一書房、一九七〇年
絲屋寿雄『人と思想51　幸徳秋水』清水書院、二〇一五年
宮武外骨『民本主義／幸徳一派大逆事件顛末他』ゆまに書房、一九九五年
宮本謙吾『大逆事件と肥後人⑴〜⒀』日本談義、一九五四年〜一九五五年
田中伸尚『大逆事件　死と生の群像』岩波書店、二〇一八年
田中伸尚『一粒の麦死して　弁護士・森長英三郎の「大逆事件」』岩波書店、二〇一九年
神崎清『革命伝説・大逆事件①黒い謀略の渦』子どもの未来社、二〇一〇年
神崎清『革命伝説・大逆事件②密造された爆裂弾』子どもの未来社、二〇一〇年
神崎清『革命伝説・大逆事件③この暗黒裁判』子どもの未来社、二〇一〇年
神崎清『革命伝説・大逆事件④十二個の棺桶』子どもの未来社、二〇一〇年
神崎清編『大逆事件記録第一巻　新編獄中手記』世界文庫、一九七一年
神崎清編『大逆事件記録第二巻　証拠物写』世界文庫、一九七二年
神崎清編『大逆事件記録第三巻　証拠物写』世界文庫、一九七二年
中村文雄『大逆事件の全体像』三一書房、一九九七年
中村文雄『大逆事件と知識人』論創社、二〇〇九年
梶原定義『改訂　地下水、その噴き出ずるを願って』治安維持法国賠要求同盟熊本県本部、二〇二〇年
石川啄木『時代閉塞の現状　食うべき詩』岩波書店、二〇一七年
水上勉『古河力作の生涯』平凡社、一九七三年

伊藤整『日本文壇史16　大逆事件前後』講談社、一九九七年
坂本清馬『坂本清馬自伝　大逆事件を生きる』新人物往来社、一九七六年
小松芳郎『松本平からみた大逆事件』信毎書籍出版センター、二〇〇一年
崎村裕『百年後の友へ　小説・大逆事件の新村忠雄』かもがわ出版、二〇一一年
生方敏郎『明治大正見聞史』中央公論新社、一九七八年
松本健一『明治天皇という人』新潮社、二〇一四年
山崎一穎『森鷗外　国家と作家の狭間で』新日本出版社、二〇一二年
萩原淳『平沼騏一郎』中央公論新社、二〇二一年
横山源之助『日本の下層社会』岩波書店、一九八五年
立花雄一『評伝　横山源之助』創樹社、一九七九年
塩田庄兵衛・渡辺順三編『秘録　大逆事件』（上・下）春秋社、一九五九年
熊野新聞社編『大逆事件と大石誠之助』現代書館、二〇一一年
菊谷和宏『「社会」のない国、日本』講談社、二〇一五年
黒岩比佐子『パンとペン　社会主義者・堺利彦と「売文社」の闘い』講談社、二〇一三年
黒岩比佐子『日露戦争　勝利のあとの誤算』文藝春秋、二〇〇五年
瀬戸内寂聴『遠い声　管野須賀子』岩波書店、二〇二〇年
岡義武『山県有朋　明治日本の象徴』岩波書店、二〇一九年
岩井忠熊『西園寺公望』岩波書店、二〇〇三年
塩浦彰『評伝　平出修』新潟日報事業社、二〇一八年

松本昌三編『中江兆民評論集』岩波書店、一九九三年
森元斎『アナキズム入門』筑摩書房、二〇一七年
小畠顕子編『縮刷版　玉名民報』大西りつ（玉名民報印刷）、一九九一年
新熊本市史編纂委員会編『新熊本市史　第六巻　近代Ⅱ』熊本市、二〇〇三年
玉名歴史編集委員会編『歴史玉名　第23号』玉名歴史研究会、一九九五年
玉名高校史編纂委員会編『玉名高校七十年史』玉名高校、一九七三年
済々黌百周年記念事業会編『済々黌百年史』済々黌百周年記念事業会、一九八二年
労働運動史研究会編『熊本評論　第1〜第31号』明治文献資料刊行会、一九六二年
熊本近代史研究会編『近代における熊本の人物群像』熊本近代史研究会、二〇二一年
幸徳秋水全集編集委員会『幸徳秋水全集補巻　大逆事件アルバム』明治文献、一九七二年
クロポトキン著・幸徳秋水訳『麺麭の略取』岩波書店、二〇〇三年
土方和雄『中江兆民』東京大学出版会、二〇〇七年
碓田のぼる『石川啄木と「大逆事件」』新日本出版社、一九九〇年
田添鉄二顕彰碑をつくる会『田添鉄二　その歩みと思想』熊本出版文化会館、二〇一三年
宮崎光子・松本達郎編『宮崎世龍遺稿集』中央公論事業出版、一九九八年
シンポジウム〝平民社100年と「熊本評論」〟事務局編『非戦・自由・人権』熊本近代史研究会他、二〇〇四年

【連合赤軍】

連合赤軍事件の全体像を残す会編『証言　連合赤軍7　革命左派の成立』皓星社、二〇〇九年
連合赤軍事件の全体像を残す会編『証言　連合赤軍』皓星社、二〇一三年
永田洋子『十六の墓標』（上・下）彩流社、一九八二年
坂口弘『あさま山荘1972』（上・下）彩流社、一九九三年
植垣康博『兵士たちの連合赤軍』彩流社、一九九五年
植垣康博『連合赤軍27年目の証言』彩流社、二〇〇一年
大槻節子『優しさをください　連合赤軍女性兵士の日記』彩流社、一九九八年
加藤倫教『連合赤軍少年A』新潮社、二〇〇三年
塩見孝也『赤軍派始末記　元議長が語る40年』彩流社、二〇〇三年
重信房子『革命の季節　パレスチナの戦場から』幻冬舎、二〇一二年
瀬戸内寂聴・永田洋子『愛と命の淵に　往復書簡』福武書店、一九八六年
高橋檀『語られざる連合赤軍　浅間山荘から30年』彩流社、二〇〇二年
山平重樹『連合赤軍物語　紅炎』徳間書店、二〇一一年
大泉康雄『「あさま山荘」籠城　無期懲役囚吉野雅邦ノート』祥伝社、二〇〇二年
高沢皓司『宿命「よど号」亡命者たちの秘密工作』新潮社、二〇〇〇年
山本直樹『レッド　1、2』講談社、二〇〇八年
P・スタインホフ『死へのイデオロギー』岩波書店、二〇〇三年